MORENA
Y SU IDENTIDAD
POLÍTICA

MORENA
Y SU IDENTIDAD
POLÍTICA

Martí Batres Guadarrama

PANORAMA

ensayos

Morena y su identidad política
Martí Batres Guadarrama

Primera edición: Producciones Sin Sentido Común, 2017

D. R. © 2017, Producciones Sin Sentido Común, S. A. de C.V.
      Avenida Revolución número 1181, piso 7,
      colonia Merced Gómez,
      03930, Ciudad de México

Teléfono: 55 54 70 30
e-mail: ventas@panoramaed.com.mx
www.panoramaed.com.mx

Texto © Martí Batres Guadarrama
Fotografía de portada © Wong Salam,
usada para la licencia de Shutterstock.com

ISBN: 978-607-8469-47-5

Impreso en México

Índice

Introducción

El Movimiento Regeneración Nacional (Morena) es un fenómeno político. En su primera aparición electoral, en 2015, se colocó como la cuarta fuerza y ganó la Ciudad de México. En su segunda aparición electoral, en el año 2016, pasó a ser tercera fuerza y volvió a ganar la Ciudad de México, dando un gran salto también en Veracruz. Para su tercera aparición, en 2017, pasó a ser la fuerza política más votada en el país y en el Estado de México.

A partir de enero de este año aparece en todas las encuestas como la fuerza política con mayor intención de voto para la elección presidencial en 2018, a tan sólo dos años de su primera participación electoral y a tres de la obtención de su registro.

En la historia contemporánea no hay antecedentes de un partido que se coloque como favorito para ganar las elecciones presidenciales inmediatas a su creación. En este aspecto, lo más cercano a Morena es el Partido Antirreleccionista, el cual fue fundado por Francisco I. Madero en 1909 con el objetivo de disputar la Presidencia de la República a Porfirio Díaz en 1910.

El auge de ambos partidos sólo puede explicarse por la necesidad de cambio ante un régimen caduco y corrupto que perdió la legitimidad y la capacidad de renovarse.

Ante la inconformidad social y la falta de democracia, tanto Porfirio Díaz como el Partido Revolucionario Institucional (PRI) sólo han encontrado la ruta para reprimir o cooptar a los adversarios. Así es como nace con Salinas de Gortari el PRIAN. Y luego de 24 años, Enrique Peña Nieto inventa el PRIANRD con el objetivo de sacar adelante la privatización energética y, de paso, dar la apariencia de inclusión del sistema político mexicano.

El surgimiento de Morena bastó para que este falso consenso, entre las que eran consideradas las tres principales fuerzas políticas del país, perdiera credibilidad.

Por años se dio vuelo a la versión de que la izquierda sólo adquiriría un gran respaldo social si se asimilaba al neoliberalismo y se integraba al sistema. Después de la resistencia civil provocada por el fraude de 2006 se insistió mucho en la necesidad de que ésta tuviera un acercamiento con el régimen para cambiar su imagen y generar una hegemonía favorable. Pero el acercamiento de otros partidos al gobierno federal sólo los afectó, dañó su imagen y credibilidad.

De hecho, el Pacto por México condenó a los supuestos partidos opositores que lo firmaron. Ahora su debilidad los obliga a formar un frente para tener un poco de incidencia en la próxima contienda electoral. En contraste, Morena ya es la primera fuerza política del país. El prestigio que se fortaleció fue el de la fuerza política que no firmó el Pacto contra México, no el de los pactistas.

Este ascenso espectacular se debe básicamente a muchos factores: el principal es el liderazgo de Andrés Manuel

López Obrador; luego, la actuación política de Morena en los espacios electorales conquistados hasta el momento, y también al desastre en que tiene sumido al país el gobierno federal del PRI de Enrique Peña Nieto. Además, influyen el trabajo de base de los militantes de Morena, su carácter opositor a un gobierno corrupto y la fisonomía novedosa del proyecto partidario.

Morena ha sido consecuente, no ha votado a favor ni convalidado ningún abuso contra la ciudadanía, como los gasolinazos. Por el contrario, se ha esforzado por ser útil a la gente en el ámbito político formal, pero también mediante acciones como el sostenimiento de escuelas universitarias en los municipios o delegaciones en donde gobierna.

En estos cinco años de vida, Morena ha dejado claro que no forma parte de la clase política parasitaria que a diario lesiona la economía, los derechos y el futuro de la gente. Morena ha hecho la diferencia.

Morena es también una fuerza que ofrece al ciudadano común un conjunto de aspectos innovadores: los diputados donan la mitad de su sueldo, hay mucho trabajo de base, es la única fuerza de oposición, no permite tribus a su interior, abre sus cargos de elección popular a militantes de base y personalidades de la sociedad civil, es *partido-movimiento*, fue el primero en crear una secretaría de diversidad sexual, prioriza alianzas ciudadanas por encima de las partidarias, en fin, es un nuevo tipo de partido.

Morena constituye un reto. Se trata de cambiar las reglas teniendo que ganar usando las reglas de siempre. Hay mucha innovación e inventiva en Morena. Y mucho, mucho trabajo. Disciplina y constancia. Afiliación, firmas, cartas y comités. La sola obtención del registro fue una epopeya organizativa. Morena transita del lenguaje clásico a la nueva teoría. Es un espacio fraterno, de unidad, no destructivo como suele suceder en la disputa política. Muchos de los dirigentes de Morena que venían de otras formaciones transitaron de dirigentes de grupos a dirigentes de todos.

Morena nos transformó. Su rostro es la sensibilidad y su brazo la visita casa por casa. Es un partido nuevo que hace una nueva política. El impulso que viene de la ilusión del Primer Congreso prevalece y sigue seduciendo a mucha gente que nunca había militado. Los nuevos cuadros han contribuido a cambiar el *chip*, a ciudadanizar la política, a hacer las cosas de manera distinta a la que aprendimos en otros lados. Y han evidenciado también las contradicciones de una sociedad civil que cuestiona, pero no termina de dar el paso para la participación. Las experiencias recientes, como las brigadas de miles de jóvenes solidarios rescatando vidas humanas entre los escombros luego del sismo del 19 de septiembre, fortalecen esa renovada mística que da un sentido humano a la nueva política y arrincona a la política deshumanizada.

Así, todos los días los dirigentes y militantes de Morena trabajan. No hay ningún partido en el mundo que tenga una militancia voluntaria tan amplia como Morena. Sin importar la hora, el día, las condiciones climáticas e incluso la situación de seguridad de las comunidades Andrés Manuel López Obrador y el resto de la militancia salen a las calles a recorrer pueblos, barrios, rancherías, unidades habitacionales y colonias para construir algo que es mucho más valioso que una simple organización partidaria, algo que se resume en una sola palabra: esperanza.

Morena se inspira
en la historia de México

En la historia de México está el programa del Movimiento Regenación Nacional (Morena), su ideario, sus enseñanzas y lecciones políticas, sus héroes, sus referencias ideológicas. En ella están los sentimientos de la nación mexicana, las aspiraciones de nuestros compatriotas, nuestra forma de pensar, de ver la vida y el mundo, la filosofía que guía nuestros pasos, la originalidad de México en el escenario internacional y sus aportes a la humanidad.

Los antiguos mexicanos construyeron civilizaciones que se adelantaron en el desarrollo de las ciencias, como las matemáticas y la astronomía. Crearon tecnologías hidráulicas y agrícolas aún vigentes. Se distinguieron por el amor a la tierra, el respeto a los ancianos y la medicina natural. La comunidad indígena nos legó un tejido social cohesionado, solidario, ordenado y armonioso con la naturaleza.

Los largos años de la Conquista constituyeron una guerra sangrienta permanente contra los pueblos originarios. Pero el dominio español fue constantemente interrumpido por las rebeliones de los indios y los esclavos. Perduran en la memoria colectiva revueltas como la de Carlos

Ometochtzin en el centro de México, la del Nayar a finales del siglo xvi, la de Yanga a la cabeza de los esclavos africanos en Veracruz, la de los indios de la Ciudad de México en 1692, la de los mayas conocidos como los indios cruzob, en la que participó Jacinto Canek, y muchas más. Más recientemente se encuentran las batallas del campesino Julio López, en Chalco, y la rebelión de los Yaquis en Sonora a fines del siglo xix. Por supuesto, no podemos dejar de mencionar la gran rebelión de los indios encabezada por Emiliano Zapata, la más importante de todas. Y la reciente revuelta a finales del siglo xx protagonizada por los indios en Chiapas.

Durante la Conquista, recibimos la invaluable participación de los frailes como Bartolomé de las Casas, Toribio de Benavente (Motolinía), Vasco de Quiroga y otros que se pusieron del lado de los indios y desarrollaron proyectos cooperativistas, productivos y asistenciales.

La lucha por la independencia de México arrojó nuevos postulados y referentes. Sacerdotes, como Miguel Hidalgo, José María Morelos y Pavón, Mariano Matamoros y otros, le dieron un fuerte acento social al programa político de esa coyuntura histórica. Miguel Hidalgo decretó la abolición de la esclavitud y la devolución de la tierra a los naturales. Morelos exigió moderar la opulencia y la indigencia, congeló los precios de los alimentos e incorporó en el proyecto constitucional de Apatzingán el concepto de la soberanía popular.

Vicente Guerrero habló de la igualdad absoluta. Josefa Ortiz y Leona Vicario rompieron las ataduras de género y protagonizaron brillantes páginas en la lucha por la libertad de la nación.

Los liberales del siglo xix dieron una gran batalla por la modernización del país, por la liberación de sus fuerzas productivas, por las libertades del ciudadano y la democracia. Separaron al Estado de la iglesia, nacionalizaron los bienes de la iglesia (casi la mitad del territorio nacional), crearon el registro civil, declararon la libertad de cultos, establecieron una república federalista, promovieron una prensa libre, impulsaron la división de Poderes, inculcaron la austeridad y honestidad de los gobernantes, desarrollaron la educación pública y expulsaron al imperio francés invasor. La brillante generación de los liberales tuvo en sus filas a Valentín Gómez Farías, José María Luis Mora, Juan Álvarez, Ignacio Zaragoza, Vicente Riva Palacio, Guillermo Prieto, Melchor Ocampo, Ignacio Ramírez, Ignacio Manuel Altamirano, Francisco Zarco, Sebastián Lerdo de Tejada, Miguel Lerdo de Tejada, Carlos María Bustamante, Ponciano Arriaga, Juan José Baz, Mariano Escobedo, Santos Degollado, Manuel Doblado, Jesús González Ortega, Matías Romero y, evidentemente, Benito Juárez.

En la resistencia contra la dictadura de Porfirio Díaz destacaron las luchas obreras de Cananea, Río Blanco, donde integrantes del Gran Círculo Obrero tuvieron una destacada participación; así como la de académicos, periodistas y activistas, como Andrés Molina Henríquez, Luis Cabrera, Filomeno Mata, Antonio Díaz Soto y Gama, Praxedis G. Guerrero, Santiago R. de la Vega, entre otros. La más importante de estas expresiones la representaron Ricardo Flores Magón, sus hermanos y militantes del Partido Liberal Mexicano, como Camilo Arriaga y Juan Sarabia, que proclamaron en 1906 un programa de transformaciones sociales, económicas, libertarias y democráticas.

En la Revolución mexicana se entrelazaron las luchas por el sufragio efectivo, la no reelección y la democracia de

Francisco I. Madero, Aquiles Serdán y Carmen Serdán con la lucha social de Emiliano Zapata y Francisco Villa por la tierra y en favor de los pobres, los campesinos y los indios. Venustiano Carranza, por su parte, incorporó a la Constitución principios nacionalistas como la propiedad de la nación sobre los recursos naturales del subsuelo. Durante y luego de la Revolución despuntaron liderazgos como el de Felipe Ángeles, Francisco J. Múgica, Salvador Alvarado, Felipe Carrillo Puerto, Heriberto Jara, por mencionar algunos.

En la Constitución de 1917 se plasmaron postulados como la educación gratuita, el derecho a la tierra, la propiedad originaria de la nación, la soberanía nacional sobre los recursos naturales, el derecho del pueblo a cambiar la forma de su gobierno, los derechos de los trabajadores, entre otros muchos.

El general Lázaro Cárdenas dio cumplimiento al programa social y económico de la nación con el reparto de tierra, la construcción de miles de escuelas primarias, la creación de instituciones superiores, como el Instituto Politécnico Nacional, la Escuela Nacional de Antropología e Historia, la Universidad Autónoma de Chapingo, el Instituto Nacional de Antropología e Historia, las Normales Rurales y otras; así como la nacionalización del petróleo y de los ferrocarriles, la creación de la Comisión Federal de Electricidad y el impulso a la empresa privada transformadora. Además, Cárdenas abrió las puertas a León Trotsky y a los republicanos españoles.

También son un referente para Morena, y una fuente de enriquecimiento ideológico, los intelectuales del siglo xx, como Narciso Bassols, Jesús Silva Herzog, Daniel Cossío Villegas, José Vasconcelos, Diego Rivera, Frida Kahlo, David

Alfaro Siqueiros, José Clemente Orozco, Guillermo Bonfil Batalla, Javier Barros Sierra, José Revueltas, Heberto Castillo, Alí Chumacero, Rosario Castellanos, Ermilo Abreu Gómez, Renato Leduc, Luis Javier Garrido, Carlos Montemayor, Bolívar Echeverría, Jaime Avilés, Arnaldo Córdova, Carlos Monsiváis, Julio Scherer García, Rius, Elena Poniatowska, Carlos Payán, Ifigenia Martínez, José María Pérez Gay, Carlos Tello Macías, Fernando Benítez, Miguel Ángel Granados Chapa, Lorenzo Meyer y muchos más.

Un nutrido grupo de académicos e intelectuales, como Pedro Miguel, Héctor Díaz Polanco, Pedro Salmerón, John Ackerman, Irma Sandoval, Paco Ignacio Taibo II, José Agustín Ortiz Pinchetti, Ignacio Marván, Margarita Valdés, Etelberto Ortiz, Luciano Concheiro, Enrique Semo, Antonio Gershenson, Consuelo Sánchez, Héctor Vasconcelos, Julio Boltvinik, Araceli Damián, Assa Cristina Laurell, Raquel Sosa, Laura Esquivel, Fabrizio Mejía, Armando Bartra, Javier Jiménez Espriú, Enrique Dussel, Patricia Aceves, Guillermo Zamora, Claudia Sheinbaum, y muchos otros, han acompañado el proceso de construcción de Morena con sus ideas.

Importantes religiosos de nuestro tiempo, como los obispos Sergio Méndez Arceo, Samuel Ruiz y el padre Alejandro Solalinde, también son fuente de inspiración para los morenistas.

Y de igual manera, Morena recupera el legado de luchadores sociales, honestos a cabalidad, como Demetrio Vallejo, Benita Galeana, Othón Salazar, Valentín Campa, Rafael Galván, Heberto Castillo y Arnoldo Martínez Verdugo. Desde luego, también el aporte de grandes movimientos sociales, como los petroleros, ferrocarrileros, telegrafistas, electricistas, mineros y magisteriales de la década de los cincuenta;

los estudiantiles de 1968, los de campesinos y colonos de los setenta y los ochenta, de las mujeres y de los indígenas, de la diversidad sexual y de la juventud de los noventa y de principios de este siglo.

En esas luchas, en esos pensadores, en esos movimientos, en esos dirigentes y en muchos referentes más de la historia de México se inspira Morena. De ahí viene su programa, su identidad y su cultura.

Por eso Andrés Manuel López Obrador señala con reiteración: "No se puede transformar al México actual sin conocer la historia. Y mucho menos se puede transformar al México actual sin hacer historia, la política es hacer historia".[1]

"No nos inspiramos en ningún gobierno extranjero, nosotros nos inspiramos en nuestros héroes que fueron los que nos enseñaron a luchar por la libertad, por la justicia, por la democracia."[2] Porque en efecto, Morena no copia ningún modelo extranjero, no pretende trasladar la experiencia de ningún otro país a nuestro territorio. Cada pueblo tiene una ruta propia para su liberación porque tiene una realidad distinta.

---

[1] Andrés Manuel López Obrador, "Palabras de Andrés Manuel López Obrador en la presentación del libro patria de Paco Ignacio Taibo II", en *AMLO* [en línea], 17 de octubre de 2017, disponible en: <http://lope zobrador.org.mx/2017/10/17/palabras-de-andres-manuel-lopez-obrador-en-la-presentacion-del-libro-patria-de-pacto-ignacio-taibo-ii/> [consulta: 17 de noviembre de 2017].

[2] Andrés Manuel López Obrador, "Ni Maduro, ni Trump: nos inspiramos en nuestros héroes", en *El País* [en línea], 4 de septiembre de 2017, disponible en: <https://elpais.com/internacional/2017/09/03/mexi co/1504464540_683276.html> [consulta: 17 de noviembre de 2017].

Pluralidad de pensamiento

Morena se nutre de diversas tradiciones ideológicas. Confluyen en esta organización exponentes del nacionalismo revolucionario, del humanismo cristiano, del liberalismo político, del Estado de bienestar, de la tradición indígena comunitaria, así como de las construcciones ideológicas provenientes de los movimientos sociales, entre muy variados afluentes. Algunas de estas visiones del mundo han tenido un desarrollo universal, pero han encontrado un anclaje en nuestro país a lo largo de su historia.

En Morena no hay pensamiento único. En todo caso, el punto de coincidencia se encuentra en un profundo amor a la humanidad, en la convicción de que todo ser humano tiene derecho a la felicidad.

El nacionalismo revolucionario aportó un conjunto de conceptos ideológicos como: propiedad originaria de la nación sobre tierras y aguas, soberanía nacional, soberanía sobre las riquezas del subsuelo, protección de fronteras y mares territoriales, no intervención de otros países en nuestros asuntos internos, economía mixta pública-privada-social, educación pública, derechos al trabajo y la seguridad social, justicia social, progreso económico, planeación democrática del desarrollo y rectoría del Estado sobre la economía.

Según Antonio Gershenson, "en los países atrasados y dependientes no queda por recorrer sino un camino nacional-revolucionario [...] el nacionalismo revolucionario se apoya en toda una tradición de resistencia y lucha contra el dominio extranjero que en México se remonta a 450 años".[3]

En Morena también influyen decisivamente las construcciones ideológicas de movimientos sociales, como los ambientalistas, sindicalistas, feministas, agraristas, etcétera. Todo ello conforma lo que denominamos izquierda social. Los movimientos han aportado numerosos valores ideológicos, como la participación, la diversidad, la horizontalidad, la democracia directa, la vocación por la cuestión social; así como las ideas de equidad de géneros, pluriculturalidad, construcción de ciudadanía, respeto a la diversidad sexual, no discriminación, derechos sociales, derechos de la naturaleza, entre otros.

Bertha Luján nos recuerda que: "Tenemos que entender como izquierda no sólo la izquierda partidista, sino la izquierda social en la que participa la gente que tiene una visión cercana a las mayorías, a la justicia, a los principios de igualdad".[4]

De la comunidad indígena provienen también muchos principios que recupera Morena, tales como: el amor

[3] Antonio Gershenson, *El rumbo de México*, México, Ediciones Solidaridad, 1976, p. 45-46.
[4] Emma Islas, "Morena, su rumbo y sus candidaturas", en *Siempre* [en línea], 15 de julio de 2017, disponible en: <http://www.siempre.mx/2017/07/morena-su-rumbo-y-sus-candidaturas/> [consulta: 17 de noviembre de 2017].

a la tierra, el uso y disfrute responsable y colectivo de los recursos naturales, las decisiones horizontales en asamblea, el respeto a los adultos mayores, el cumplimiento de la palabra, la cohesión comunitaria, la protección de los niños, entre otros. A finales del siglo xx, el movimiento indígena vivió una *reconceptualización*, con la que tomaron fuerza las ideas de autonomía, reivindicación de lengua y cultura, uso y disfrute de los recursos naturales y conformación de sujetos de derecho.

En el contexto de la Asamblea Constituyente de la Ciudad de México, la antropóloga Consuelo Sánchez habló de la aportación de los pueblos originarios y señaló que:

La propuesta de Constitución de Morena tiene entre sus objetivos cardinales fijar las bases de una nueva relación de los pueblos originarios con la Ciudad de México, en un marco de autonomía y libre determinación. [...] Los pueblos originarios han acentuado sus exigencias de respeto de sus derechos territoriales, con distintos énfasis según su relación con lo urbano y lo rural. Los pueblos que han sufrido la urbanización de sus territorios ponen el acento en la protección del patrimonio histórico, arquitectónico, cultural y simbólico de sus pueblos y barrios [...].[5]

Morena recupera también los principios del liberalismo político como la elección de los gobernantes por sufragio universal y directo, las libertades de prensa, expresión y

---

[5] Consuelo Sánchez, "Propuesta de Morena: los pueblos originarios en la Constituyente de la cdmx", en *La Jornada del campo* [en línea], 17 de septiembre de 2016, disponible en: <http://www.jornada.unam.mx/2016/09/17/cam-morena.html> [consulta: 17 de noviembre de 2017].

crítica; la libertad de tránsito; la garantía de debido proceso; el derecho de petición; los derechos de reunión y asociación; el derecho a decidir y tener un trabajo lícito; la libertad de credo y pensamiento; el Estado laico; la separación Estado-Iglesia, la división de poderes, y hasta otros como el derecho a la desobediencia civil.

Daniel Cosío Villegas hizo una defensa brillante de la Constitución de 1857 frente a la crítica conservadora: "Era una sociedad liberal, creada por liberales, vivida por liberales, una sociedad en que la libertad, lejos de ser la palabra hueca y sin sentido que ha llegado a ser, era una realidad vivida y gozada cotidianamente [...] Por eso puede decirse que la gran obra del Constituyente del 56 no fue la Constitución del 57, sino la atmósfera propicia a la libertad y al hombre libre que él creó".[6] En efecto, Cosío Villegas destacó la creación de un Legislativo fuerte, unicameral, una corte independiente con magistrados electos por la ciudadanía, el voto universal aún para quienes no sabían leer y escribir, y una libertad de prensa como nunca se había tenido. Los liberales mexicanos del siglo XIX eran hombres que parecían gigantes, decía admirativamente Antonio Caso.

Por otra parte, en el ideario de Morena existe una influencia notable de la experiencia del Estado de bienestar social. La construcción realizada por los laboristas británicos condujo a la creación de un sistema de educación pública, un sistema nacional de salud gratuito y universal, un régimen de pensiones, un sector público de la economía y un amplio margen de pleno empleo. En Suecia existe uno de los más abarcadores sistemas de seguridad social que protege a

---

[6] Daniel Cosío Villegas, *La Constitución del 1857 y sus críticos*, México, Hermes, 1957.

sus habitantes de la cuna a la tumba. En Alemania la educación es universal, pública y gratuita desde preescolar y hasta la universidad. En Francia hay trabajadores del Estado que realizan las labores domésticas para que las mujeres puedan liberar tiempos para sí o para entrar al mercado de trabajo.

Esa construcción ideológica se universalizó y se reactualizó en México de acuerdo con su realidad nacional. En nuestro país, la experiencia más cercana a un Estado de bienestar se dio durante el gobierno del general Lázaro Cárdenas y, de manera local, en el gobierno de Andrés Manuel López Obrador en la Ciudad de México. Ésta influye decisivamente en el pensamiento político de Morena.

Aquí, en México, Assa Cristina Laurell define de la siguiente manera al Estado de bienestar: "Los valores del bien colectivo y la igualdad llevan a una concepción de bienestar basada en la idea de que la sociedad –la colectividad– debe responsabilizarse de proveer y garantizar un nivel satisfactorio e igual de bienestar social para todos sus miembros. Esta idea está estrechamente vinculada a la idea de los derechos sociales de los ciudadanos…"[7]

Bernardo Bátiz, fundador de Morena, integrante de su primer Comité Ejecutivo Nacional y coordinador de su bancada en la Asamblea Constituyente de la Ciudad de México, dice en su libro *Humanismo cristiano y capitalismo*: "En efecto, el capitalismo materialista tiene como valor central el individualismo y tiende por naturaleza al egoísmo. Sus motivaciones son la codicia, la ambición y adopta como método la competencia feroz e inhumana; ésas son sus marcas distintivas. El catolicismo, en cambio, abraza principios que

[7]   Asa Cristina Laurell, "La política social en la crisis: una alternativa para el sector salud", en *Saude e sociedade*, vol. 2, núm. 2, 1993, pp. 21-84.

unen y acercan a las personas; es solidario, humano en tanto que cree en la paternidad divina, por ello en la hermandad de todos, tiene como política práctica no el enfrentamiento o la lucha, sino la colaboración, la cooperación y la caridad."[8]

En Morena hay militantes con muy diversas formas de pensar, hay creyentes y no creyentes, practicantes de distintas religiones y libres pensadores. Pero no puede dejarse de reconocer el aporte filosófico de diversas religiones como el catolicismo, el protestantismo, el judaísmo y otras a los ideales de justicia social, amor al prójimo, amor a la familia, solidaridad, fraternidad, comunidad, opción por los pobres, etcétera. Dice la Biblia: "Nadie puede servir a dos señores... No podéis servir a Dios y al dinero" (Mateo 6, 24; Lucas 16, 13); "Mirad el salario que habéis cercenado a los operarios que siegan vuestras tierras (Jacobo 5, 4); "No prestarás a interés a tu hermano" (Deuteronomio 23, 20); "A causa de la ganancia pecaron muchos, el que trata de enriquecerse desvía la mirada" (Eclesiástico 27, 1-2).

Es interesante, de acuerdo con lo anterior, lo que reflexiona Luciano Concheiro:

"Decir la palabra *morena* en México es aludir a la Virgen de Guadalupe. Por supuesto que el nombre de nuestro partido, Morena, no quería decir eso. Morena es el acrónimo de Movimiento Regeneración Nacional. Pero yo digo –entre broma y de veras– que hasta los marxistas somos guadalupanos en México, porque si no, no somos marxistas para la transformación social de México... Nuestra Virgen es estandarte de las revoluciones, es la que acompaña la guerra de

---

[8]   Bernardo Bátiz, *Humanismo cristiano y capitalismo*, México, Porrúa, 2016, p. XIII.

Independencia, es la que acompaña al zapatismo histórico, es la que acompaña al zapatismo actual, es nuestra señora de la Tierra… Uno puede creer o no creer, pero acercarse es fundamental para comprender los procesos… Morena originalmente se planteó como Movimiento Regeneración Nacional… Y *regeneración* es recuperar la herencia nada menos que de los hermanos Flores Magón, de su periódico que se llamaba *Regeneración*.[9]

Andrés Manuel López Obrador se ha referido frecuentemente al tema de los valores e ideales de la siguiente manera: "Nuestro movimiento no es antirreligión, Dios no quiere que nadie sufra, porque la pobreza no es una casualidad, es resultado de una mala administración y de la corrupción".[10] "Soy un seguidor de la vida y de la obra de Jesucristo, porque Jesucristo luchó en su tiempo por los pobres, por los humildes. Por eso lo persiguieron los poderosos de su época. Entonces soy en ese sentido un creyente. Tengo mucho amor por el pueblo."[11]

Morena recoge esta diversidad de pensamiento y asimila críticamente en una visión común la defensa nacionalista de los recursos naturales, el horizonte de un Estado de

[9] Seminario Internacional Antonio Gramsci, *El Morena y la cultura política en el México actual-Luciano Concheiro* [video de Youtube], 8 de abril de 2017, disponible en: <https://www.youtube.com/watch?v=4wYkgvRRyjM> [consulta: 17 de noviembre de 2017].

[10] Jesús Estrada, "Los pueblos originarios serán prioridad de Morena; duele ver tanta pobreza", en *La Jornada* [en línea], 2 de octubre de 2017, disponible en: <http://www.jornada.unam.mx/2017/10/02/politica/029n1pol> [consulta: 17 de noviembre de 2017].

[11] "López Obrador explica por qué es cristiano y seguidor de Jesucristo", en *Nación 3, 2, 1* [en línea], 2 de abril de 2017, disponible en: <www.nacion321.com/partidos/lopez-obrador-explica-por-que-es-cristiano-y-seguidor-de-jesucristo> [consulta: 17 de noviembre de 2017].

bienestar social, la reivindicación de la libertad de las personas, la reserva moral de la comunidad indígena, la democracia directa de los movimientos sociales y la fraternidad que promueven distintas religiones.

Partido-movimiento

Morena es un partido político, pero también un movimiento social. Su lucha ocurre en la esfera electoral, pero también en el plano de la movilización ciudadana. Mantiene la flexibilidad y voluntad transformadora de un movimiento y se organiza para la disputa pacífica y constitucional del poder político.

Acerca de esta doble tarea Armando Bartra hace una reflexión interesante sobre lo que él llama el *lopezobradorismo,* en la que afirma:

> Los movimientos sociales por sí solos no bastan para cambiar el país. Así lo comprobaron los pueblos indios, las organizaciones campesinas y los sindicatos que en los últimos años participaron en acciones multitudinarias y persistentes a las que el gobierno presuntamente escuchó y con las que llegó a acuerdos, compromisos que, sin embargo, se hicieron humo en cuanto cesaron las movilizaciones. Pero tampoco las fuerzas de izquierda que ocupan espacios institucionales podrán hacer mucho si detrás –o delante– de ellas no hay movimientos populares que modifiquen en su

favor una correlación de fuerzas que la alianza entre el PAN y el PRI hace desfavorable.

En cambio si caminamos con las dos piernas, si las dos expresiones de la izquierda se combinan, las fuerzas progresistas serán imbatibles. Sin duda no resultará fácil, pero en todo caso será menos difícil que conducir un movimiento de resistencia sin aliados institucionales o que hacerse fuerte en las instituciones sin el respaldo del movimiento social.[12]

La teoría política tradicional distingue numerosas diferencias entre un partido y un movimiento. Un partido, se nos dice, es vertical, jerarquizado, rígido, formal, institucional, mide su fuerza en los procesos electorales, tiene afiliados, es pragmático, su horizonte es inmediato. Un movimiento, por el contrario, es horizontal, flexible, no institucional, mide su fuerza en las movilizaciones, tiene participantes libres, es idealista, su horizonte es utópico.

Morena es las dos cosas, es partido y es movimiento. Es tan organizado como un partido y tan idealista como un movimiento. Mantiene la estabilidad de una estructura electoral y las emociones puras de un movimiento. Lucha por el gobierno, pero más que eso, por la transformación. Tiene un programa político, pero participa en todas las luchas sociales. Mide su fuerza en las urnas pero también en las plazas llenas.

Por su parte, Pedro Miguel señala lo siguiente sobre este tema:

---

[12] Armando Bartra, *La utopía posible*, México, Ítaca / La Jornada Ediciones, 2011, pp. 295-296.

Éste es el significado de Morena como partido-movimiento y ésta, su tarea doble. Olvidarse de las luchas populares llevaría al partido a convertirse en un componente más de la clase política corrupta y descuidar el trabajo electoral, llevaría a los movimientos sociales a la dispersión y el aislamiento. Organización popular, movilización y participación electoral son vías complementarias y necesarias, las tres, para lograr el propósito principal: la derrota del régimen oligárquico y la recuperación del país.[13]

De hecho, preceden inmediatamente a la creación de Morena las más grandes movilizaciones de la historia de México, todas encabezadas por Andrés Manuel López Obrador. En los años 1991-1992 se realizó el éxodo por la democracia, desde Tabasco y hacia la Ciudad de México. En 1995 se da la toma de los pozos petroleros para demandar la indemnización a los campesinos afectados por la contaminación de sus tierras. En el 2004-2005 son las grandes marchas contra el desafuero del jefe de gobierno de la capital. En 2006 ocurre la resistencia contra el fraude electoral con las movilizaciones más grandes de la historia, que convocaron a millones de ciudadanos. En 2008 se da defensa del petróleo y, nuevamente, en 2013. Vale decir que la convocatoria de Andrés Manuel López Obrador ha colmado el zócalo de la Ciudad de México en unas 40 ocasiones.

Paco Ignacio Taibo II, uno de los más activos protagonistas de los movimientos sociales e impulsor de la noción de partido-movimiento, lo explica así:

[13] Pedro Miguel, "Partido y movimientos", en *La Jornada* [en línea], 24 de noviembre de 2015, disponible en: <http://www.jornada.unam.mx/2015/11/24/opinion/030a1mun> [consulta: 17 de noviembre de 2017].

La pregunta es si queremos ser un partido político y la respuesta es no. Porque asociamos la palabra partido político que conocemos, partido político estructura vertical, es burocracia y funcionarios de tiempo completo [...] No queremos ser eso. Y en ese sentido, ¿qué queremos ser? Queremos ser un movimiento social horizontal, elegido por abajo, con dirigentes revocables, donde no hay dinero para los funcionarios políticos, sino para hacer cosas, tareas, con un código ético, con una propuesta solidaria, con una propuesta de acción conjunta. Sí. Eso queremos ser. ¿Y queremos tener registro? Yo diría que sí [...] Construyamos un movimiento que ponga en pie las propuestas que hemos hecho una y otra vez, como organizaciones de lucha social en la Ciudad de México... No queremos un partido de estructura y corte electoral. Queremos un movimiento que tenga registro.[14]

Finalmente, Hebert Kitschelt afirma lo siguiente:

Partidos, grupos de interés y movimientos sociales son los principales vehículos de articulación e intermediación del interés político. Estos vehículos, en realidad, constituyen redes de actores e interactúan entre sí en el campo político a través de lo que, en la terminología usada por Castells, llamamos *switchers*. En esa interacción, en ocasiones, se producen traspasos de una red a otra. La relación entre movimientos sociales y partidos políticos ha sido intensa durante los últimos 200 años. Sin embargo, los casos más

[14] Buzonciudadano, *Morena, ¿partido o movimiento?* [video de Youtube], 17 de septiembre de 2012, disponible en: <https://www.youtube.com/watch?v=94FcLv-YcpA> [consulta: 17 de noviembre de 2017].

estudiados por la literatura académica dan respuesta a dinámicas alejadas de nuestro caso de estudio, como los movimientos sociales que se convierten en partido político en las nuevas democracias... Encontramos, en cambio, elementos más ajustados a nuestros objetivos en los esfuerzos explicativos acerca de la emergencia de los partidos verdes desde los movimientos ecologistas, de los partidos-movimiento indigenistas de América Latina y, más recientemente, de nuevos partidos de izquierda, así como la caracterización de los partidos-movimiento.[15]

[15] Citado por Josep Lobera y Jesús Rogero-García, "De las plazas a las urnas. La medición de la cristalización electoral del 15-M en Podemos", presentado en el XII Congreso Español de Sociología [en línea], Gijón, 30 de junio de 2016, disponible en: <http://www.pensamientocritico.org/joslob0716.pdf> [consulta: 17 de noviembre de 2017].

Una organización
de ciudadanos libres

La organización del Movimiento Regeneración Nacional
está basada en la participación libre de las y los ciudadanos.
Morena es una organización conformada por la afiliación
individual de cada uno de sus participantes. Las organizaciones sociales no pueden incorporarse como tales al partido. La incorporación al proyecto es un acto exclusivo de
conciencia personal y la afiliación, un hecho jurídico neta-
mente individual.

México fue influido fuertemente por la práctica política del corporativismo. De hecho, el partido de Estado en
nuestro país incorporó por la fuerza a su estructura a las
grandes organizaciones de masas. Emilio Portes Gil, expresidente de México afirmaba que en nuestro país no se hacía
política de ciudadanos sino política de masas.

En este contexto, Arnaldo Córdova señaló hace muchos años lo siguiente:

Una de las características esenciales que definen al Estado
mexicano es, sin duda alguna, su *política de masas*, en la
que se funda su poder sobre la sociedad [...] En todo caso,

resalta siempre el extraordinario papel que las organizaciones de masas desempeñan [...] son precisamente las organizaciones las que constituyen los verdaderos miembros del partido [...] dentro del partido oficial *quienes hacen política son las organizaciones* [...] Lo que siguió a la conversión del partido oficial en una maquinaria corporativa no fue sino un prolongado perfeccionamiento del sistema de dominación.[16]

El Partido Nacional Revolucionario se fundó en 1929 unificando a todos los grupos revolucionarios desde el gobierno y fue financiado con las aportaciones forzosas de los servidores públicos y de los trabajadores del Estado. Más tarde, en 1938, al transformarse en Partido de la Revolución Mexicana se crearon cuatro sectores del partido: el obrero, el campesino, el popular y el militar. Todas las centrales obreras y campesinas, así como las organizaciones populares y hasta las fuerzas armadas, fueron incorporadas forzosamente por decisión gubernamental al partido del Estado.

En 1949, al convertirse en Partido Revolucionario Institucional (PRI), se crearon tres sectores: el obrero, el campesino y el popular, solamente. El ejército sale del partido. Pero en los Estatutos de los sindicatos se estableció la pertenencia al PRI. Todas las organizaciones populares, de comerciantes ambulantes, locatarios, organilleros, vendedores de boletos de la Lotería Nacional, aseadores de calzado, etcétera, tenían en sus estandartes, banderas y mantas los logotipos del PRI y de su propia organización social.

---

[16] Arnaldo Córdoba, "La política de masas y el futuro de la izquierda en México", en *Cuadernos Políticos*, núm. 19, México, Era, enero-marzo de 1979, pp. 9, 23 y 34.

Los comerciantes eran llevados por la fuerza a los actos masivos del PRI bajo la amenaza de quitarles su espacio en la vía pública. Los ejidatarios eran llevados a votar por el PRI en camiones de redilas. Los obreros tenían que pasar lista en los desfiles del primero de mayo. A esas prácticas corporativas se les conoció como *acarreo*.

Años más tarde, el fenómeno se filtró a otras fuerzas políticas, dándose una situación de semicorporativismo. En partidos como el Partido de la Revolución Democrática (PRD), si bien las organizaciones no podían pertenecer como tales al partido, sí se daba una afiliación masiva y condicionada a la obtención de un beneficio material, bien o servicio. A eso se le llamó *clientelismo*.

Todas esas situaciones vulneraron el ejercicio libre de la participación y deterioraron la política pero, sobre todo, dificultaron la transformación del país. Morena es por eso una organización que no admite la incorporación de organizaciones sociales al partido ni la obtención de voluntades a cambio de dádivas, despensas, dinero o bienes materiales. Por eso Morena no compra votos. El apoyo al Movimiento es por convicción y convencimiento. Morena ofrece un proyecto de nación. En Morena no se permite la entrega de regalos para obtener el voto. Incurrir en estas prácticas está altamente penado en la legalidad interna.

El Movimiento Regeneración Nacional respeta la autonomía e independencia de las organizaciones sociales. Respeta la fisonomía e identidad propia de los movimientos sociales. Respeta la dinámica de las protestas y luchas sociales que ocurren más allá sus estructuras. Morena no busca montarse en las luchas del pueblo que surgen espontáneamente en pueblos, barrios, rancherías, centros de trabajo, sectores laborales, ramas productivas, y en otros ámbitos de la sociedad.

Sin embargo, Morena no es ajeno a las luchas del pueblo. Es un movimiento que acompaña, apoya, respalda, impulsa, atiende, hace suyas y difunde todas las luchas sociales de las personas. Ahí donde hay una lucha contra una injusticia, o ahí donde el pueblo trabajador se organiza para luchar por mejorar su calidad de vida, ahí está Morena. No está detrás ni adelante, sino a un lado de las luchas del pueblo.

Para solidarizarse no es necesario apropiarse de una lucha social. Por eso, la solidaridad y el apoyo se dan participando intensamente, pero respetando al mismo tiempo la fisonomía de protestas y movimientos en los que participan personas de muy variadas formas de pensar.

En todo caso, las luchas sociales ocurren en sectores o territorios determinados y no necesariamente tienen como propósito cambiar el gobierno del país. Morena es un movimiento nacional que busca llegar al gobierno y transformar a la nación.

Quien quiera incorporarse a Morena lo debe razonar en su mente y sentir en su corazón. Para que sea efectiva la participación, para que sea real, debe ser voluntaria. Esto no es sólo un tema de libertad individual interna en el partido. Es una forma también de promover una cultura política liberadora que permita inculcar en la sociedad los valores que puedan derrotar el fenómeno del corporativismo que ha arrebatado la libertad de los trabajadores y ciudadanos para tratar de perpetuar la dominación del PRI.

Sobre este mismo tema, Jesús Ramírez Cuevas señaló en una plática que "en Morena no se aceptará ninguna forma corporativa de hacer política, no se aceptará el clientelismo y la afiliación será individual".[17]

El propio Andrés Manuel López Obrador recordó: "Nosotros buscamos una transformación del país, los militantes de Morena son libres como todos los ciudadanos, a título personal pueden participar en una organización, pero como organización nadie puede decir que representa a Morena".[18]

Al respecto, el *Estatuto de Morena* señala lo siguiente:

Artículo 6°

Las y los protagonistas del cambio verdadero tendrán las siguientes responsabilidades [obligaciones]:

[...]

b) Combatir toda forma de coacción, presión o manipulación en los procesos electorales y defender activamente el voto libre y auténtico; rechazar terminantemente la compra del voto, para lo que es indispensable convencer y persuadir a las y los ciudadanos que son presionados para aceptar esta práctica nefasta. Insistir en que, aún en situaciones de extrema pobreza, el voto no debe venderse, ya que se propicia un nuevo régimen de esclavitud, en el cual los pobres se convierten en peones y los poderosos se asumen dueños de su libertad.

[17] "Morena como partido político construirá ciudadanía ni una nueva clase política", en Boca de Polen A. C. [en línea], 14 de septiembre de 2012, disponible en: <http://bocadepolen.org/web/morena-como-partido-politico-construira-ciudadania-no-una-nueva-clase-politica-jesus-ramirez-cuevas/> (consulta: 17 de noviembre de 2017).

[18] Andrés Manuel López Obrador, *Expresa López Obrador que Peña Nieto busca que México sea un país consumidor,* (Comunicado 13-159), en AMLO [en línea], 4 de abril de 2013, disponible en: <lopezobrador.org.mx/wp-content/uploads/2013/04/13-159-1.doc> [consulta: 17 de noviembre de 2017].

Artículo 43°

En los procesos electorales:

[...]

e) Se cancelará el registro del/la precandidata/precandidato o candidata/candidato que realice conductas que implique compra, presión o coacción de la voluntad de los miembros de Morena y/o de los ciudadanos.[19]

[19] Movimiento Regeneración Nacional, *Estatuto de Morena* [en línea], disponible en: <http://lopezobrador.org.mx/wp-content/uploads/2013/02/Estatuto-de-MORENA.pdf> [consulta: 17 de noviembre de 2017].

Organización política pluriclasista

Morena es una organización pluriclasista en la que, desde luego, participan los trabajadores y campesinos, pero también clases medias y empresarios. Morena no es un partido de clase, sino de todas las clases sociales.

Ciertamente su acento social se encuentra en la búsqueda de un nuevo equilibrio que favorezca a una mayoría hoy empobrecida. Morena recoge el postulado de José María Morelos y Pavón de moderar la opulencia y la indigencia. Y tiene en sus antecedentes la batalla de Andrés Manuel López Obrador por el gobierno de la Ciudad de México bajo el lema *Por el bien de todos, primero los pobres*.

No obstante, Morena no se propone una confrontación de clase contra clase, sino una acción del Estado para favorecer a los sectores sociales que viven en condiciones de desventaja, exclusión, desigualdad, inequidad o marginación. Morena no se propone tampoco el aplastamiento o desaparición de ninguna clase social, sino el acceso al bienestar social, al disfrute de las riquezas naturales y a los frutos del desarrollo económico para todas las clases sociales. Pedro Miguel, lo explica muy bien: "Ciertamente, en tanto que organización pluriclasista, al partido no le toca saldar contradicciones entre clases a favor de una de ellas sino resolver conflictos y conformar consensos entre sectores sociales y lo hace, al menos, sin pretender el sometimiento o aplastamiento de los jodidos, sino buscando anteponer los intereses de la mayoría sobre los de la minoría".[20]

Morena trabaja así con todo el mosaico de la estructura social mexicana y representa al conjunto de la sociedad. Obreros, campesinos y pequeños comerciantes; artesanos, profesionistas y trabajadores por cuenta propia; empleados, trabajadores del Estado y oficinistas; intelectuales, artistas y académicos; micros, pequeños, medianos y grandes empresarios; comerciantes y dueños de establecimientos de servicios; desempleados, amas de casa, marginados y excluidos. Todas las clases sociales tienen cabida en la lucha de Morena por una sociedad con justicia y bienestar social, con democracia y libertades.

Vale la pena recordar que la Declaración de Principios expresa con claridad la inclusión de los empresarios en el proyecto nacional de Morena: "No estamos en contra de los empresarios, sino de la riqueza mal habida, de la corrupción".

El propio Andrés Manuel López Obrador lo ha dicho reiteradamente: "[...]no todo el que tiene dinero es malvado, no estamos en contra de quienes con tenacidad y empeño invierten, generan empleos, obtienen ganancias lícitas y se comprometen con el desarrollo de México... Estamos en contra de la riqueza mal habida, de la corrupción que ha

---

[20] Pedro Miguel, "La respuesta está en el pueblo", en *La Jornada* [en línea], 28 de febrero de 2017, disponible en: <http://www.jornada.unam.mx/2017/02/28/opinion/023a1mun> [consulta: 17 de noviembre de 2017].

dado al traste con todo y es la causa principal de la desigualdad social y económica".[21]

Y los Lineamientos Básicos del Proyecto Alternativo de Nación 2018-2024 manifiestan con nitidez la inclusión de todos y el acento social, señalando lo siguiente: "Se atenderá a todos, se respetará a todos, pero se dará preferencia a los pobres y a los desposeídos. Se empezará a pagar la deuda histórica que el país tiene con sus comunidades y pueblos indígenas. Los primeros serán los olvidados, los débiles y los humillados".[22]

[21] "Espera López Obrador que se aclare el presunto intento de homicidio contra David y Ricardo Monreal" (Comunicado 13-165), en *AMLO* [en línea], 29 de enero de 2015, disponible en: <http://lopezobrador.org.mx/temas/delicias/> [consulta: 17 de noviembre de 2017].

[22] Andrés Manuel López Obrador, *Lineamientos Básicos del Proyecto de Nación 2018-2024* [en línea], 20 de noviembre de 2016, disponible en: <http://lopezobrador.org.mx/2016/11/20/lineamientos-basicos-del-proyecto-alternativo-de-nacion-2018-2024-anuncia-amlo/> [consulta: 17 de noviembre de 2017].

Morena es uno solo. No admite grupos, fracciones, tribus o corrientes

Morena es una sola organización. No admite grupos, fracciones, tribus o corrientes, porque eso convierte los intereses facciosos en el poder del partido. La diversidad de pensamiento se expresa de manera natural, sin necesidad de compartimientos estancos.

En las normas estatutarias de Morena no está prevista la existencia y funcionamiento de corrientes, grupos o fracciones. Morena se concibe como una sola organización, como una estructura única, con una sola dirección política.

Esta tiene que ver con la experiencia que se vivió en otras fuerzas políticas. En el pasado, con el objeto de cuestionar la naturaleza monolítica de los viejos partidos de pensamiento único se instituyó la posibilidad de conformar corrientes de opinión para hacer valer la pluralidad de pensamiento y la democracia interna.

Sin embargo, la existencia de corrientes institucionalizadas no apuntaló la democracia interna. Las corrientes devinieron grupos de presión o coaliciones de intereses. En la mayor parte de los casos, los dirigentes se agruparon para distribuir candidaturas y cargos públicos, no para defender ideas.

Ese fenómeno *grupista* lejos de fortalecer la democracia interna, la asfixió. Los grupos sustituyeron a la militancia y excluyeron a los cuadros políticos que no perte-
necían a ninguna corriente. Dejó de valorarse a la persona,
al dirigente, al cuadro político como tal. La dinámica de las
corrientes se combinó con el fenómeno del clientelismo.
De tal forma, se fomentó una incorporación masiva de organizaciones sociales al partido buscando constituir el grupo más grande.

Morena es un partido plural que aspira a ser reflejo y
representación de la diversidad que existe en el país. Por ello,
en Morena no hay pensamiento único. A su interior se prohí-
be la conformación de *tribus* como una crítica a la dinámica
ocurrida en formaciones políticas anteriores en las que en
aras de dar cauce a la pluralidad política se dio cabida a grupos cerrados. Esta dinámica grupal, más que derivar en una
vida interna nutrida por el debate de ideas, dio como resultado la consolidación de facciones que, en lugar de representar
visiones ideológicas, terminaron abanderando intereses particulares que tomaron a la actividad política como un medio
de repartición de recursos.

Estas *tribus* terminaron anulando a las instituciones
partidistas y se volvieron más poderosas que las instancias
formales de decisión. Las verdaderas decisiones no se toma-
ban en los comités, consejos o congresos, sino en la reunión
de los *capos* de cada grupo ocurrida en la mesa de al lado.
Con las tribus, los dirigentes dejaron de ser líderes de grandes proyectos y aspiraciones nacionales y se convirtieron en
representantes de pequeñas sectas.

Morena rompe con esa lógica ciudadanizando el ejercicio de la política. En Morena no se reconoce la existencia

de corrientes, no se elige a la dirigencia por planillas, no hay representación proporcional de los grupos. Se elige a los dirigentes en lo individual, valorando sus perfiles como personas. En Morena importa la militancia, importa el militante, el afiliado que participa individualmente, conscientemente, sin recibir línea o consigna de grupos.

Esto no tiene nada que ver con el pensamiento único. En realidad, la diversidad de pensamiento no se expresa adecuadamente a través de corrientes. Cada persona representa una forma de pensar. La diversidad de pensamiento va mucho más allá de un conjunto de corrientes. Por un lado, no puede cristalizarse la diversidad de pensamiento en grupos. Por otro, la diversidad de grupos, en realidad, no expresa una diversidad de pensamiento sino de intereses.

Este fenómeno de los grupos fue un elemento que contribuyó de manera determinante al desmoronamiento de otras fuerzas políticas. Los grupos generan intereses, fragmentan, ahuyentan la altura de miras y la responsabilidad de proyecto, empequeñecen a los dirigentes, fomentan la corrupción, anulan la institucionalidad, suprimen la iniciativa individual y conforman un entorno conservador. Por eso en Morena no se alienta la formación de grupos y corrientes, porque son la semilla del fracaso.

Al referirse a los sistemas de grupos que se forman dentro de ciertos partidos, Maurice Duverger explica lo siguiente:

El más elemental está constituido por camarillas, pequeños grupos que utilizan una solidaridad personal estrecha como medio de establecer su influencia y conservarla [...] las rivalidades de clanes reemplazan en ellos las luchas de "facciones" o de "tendencias"; la dirección del partido es ejercida casi siempre por el clan dominante. La estructura del partido favorece ese desarrollo de clanes: basta con recordar la composición de los organismos centrales del Partido Radical, pare ver que todo está concebido para permitir el juego de las personalidades y de sus clientelas.[23]

El *Estatuto de Morena* señala en su artículo 43° lo siguiente:

En los procesos electorales:

[...]

c) No se admitirá forma alguna de presión o manipulación de la voluntad de los integrantes de Morena por grupos internos, corrientes o facciones o, por grupos o intereses externos a Morena.[24]

---

[23] Maurice Duverger, *Los partidos políticos*, México, Fondo de Cultura Económica, 1957, p. 182.

[24] Moviento Regeneración Nacional, *Estatuto de Morena* [en línea], disponible en: <http://lopezobrador.org.mx/wp-content/uploads/2013/02/Estatuto-de-MORENA.pdf> [consulta: 17 de noviembre de 2017].

Una fuerza organizada

Morena tiene la convicción de que sólo el pueblo puede salvar al pueblo y sólo el pueblo organizado puede salvar a la nación. Morena le da una gran importancia al tema de la organización. Por ello, se estructura estado por estado, municipio por municipio, distrito por distrito e, incluso, sección por sección electoral.

Morena no es una masa informe, sino una estructura que encuadra sistemáticamente a sus afiliados en el ámbito territorial correspondiente. Prioriza la organización territorial electoral porque ha escogido la vía pacífica, constitucional y electoral para llegar al gobierno. Sin embargo, también se organiza en espacios temáticos, sectoriales o por afinidad para respaldar a los movimientos sociales. Por eso dice Layda Sansores: "En Morena se ha hecho un esfuerzo de organización, en Morena estamos los indignados organizados, para poder lograr las transformaciones a fondo que nuestro país necesita".[25]

[25] Morenascononda, *En Morena están los indignados organizados. Entrevista a Layda Sansores* [video de Youtube], 5 de mayo de 2012, disponible en: <https://www.youtube.com/watch?v=qMDD138lEpY> [consulta: el 17 de noviembre de 2017].

Hacer que la transformación de México sea realizable implica cumplir con una gran tarea organizativa. Morena es, históricamente, el partido de izquierda con mayor implantación territorial. Así se pudo ver en el proceso para conseguir el registro ante el Instituto Nacional Electoral (INE). En esa tarea laboran a diario miles de militantes del partido.

El objetivo inmediato es lograr que en cada sección electoral del país exista un comité de protagonistas del cambio verdadero que se encargue de informar a la población, que respalde las luchas locales y que provea las estructuras de promoción y defensa del voto. La estructura de comités por sección electoral es la clave porque las casillas que reciben la votación de los ciudadanos se colocan en cada sección.

Para conseguir este objetivo es clave el trabajo de Andrés Manuel López Obrador que prácticamente diario recorre el país y llega a municipios y comunidades que jamás han sido visitadas ni siquiera por los diputados locales correspondientes. Como dice Horacio Duarte:

> [...] la situación de pobreza e injusticia que padece el pueblo no es condición única para que éste adquiera conciencia de su realidad. Si la miseria, por sí sola, fuera factor para que el pueblo adquiriera conciencia de su situación de pobreza e injusticia social en que vive, no sería necesario "tocar puertas", la gente por sí misma se organizaría y lucharía por mejorar sus condiciones de vida y de trabajo. Es necesaria la labor cotidiana de organización.[26]

[26] Formación política Naucalpan, "Consideraciones sobre la conformación de los comités seccionales" [en línea], en *Tendencia Socialista Morena*, 10 de febrero de 2016, disponible en: <https://tendenciasocialista morena.wordpress.com/2016/02/10/consideraciones-sobre-la-conforma cion-de-los-comites-seccionales/> [consulta: el 17 de noviembre de 2017].

Sin organización es imposible defender los derechos de la gente, sin organización es imposible proteger al pueblo de los abusos del poder, sin organización no se puede promover el voto, sin organización no se puede defender las casillas. En México, donde no hay vigilancia en la casilla, se roban los votos o alteran las actas. Donde no hay organización no llega la información alternativa. En suma, sin organización no se puede conquistar la democracia en México y acceder al gobierno por la vía electoral.

El *Estatuto de Morena* dice lo siguiente al respecto:

Artículo 14°.
Para hacer posibles estos objetivos, Morena se organizará sobre la base de la siguiente estructura:

Las bases de la estructura organizativa de Morena las constituirán los comités de las y los Protagonistas de cada barrio, colonia, comunidad o pueblo, o en el exterior.

Podrán establecerse comités a partir del lugar de residencia de los Protagonistas, así como de acuerdo con sus afinidades, identidades (de género, culturales, sociales, étnicas, etc.) o participación en actividades sectoriales (fábricas, escuelas, ejidos, comunidades agrarias, centros laborales, culturales, deportivos, socio-ambientales, juveniles, etc.).

Independencia política respecto del Estado

En nuestro país existe una larga tradición de cooptación y corrupción de los opositores por parte del poder político. Los dirigentes u organizaciones que se levantan contra el régimen opresor, con frecuencia, son integrados al sistema. Así, las injusticias y barbaridades prevalecen. Con la cooptación la oposición desaparece, no hay alternativa, no hay disputa y el sistema continúa.

Desde la época del porfiriato se utilizaba la frase "Ese gallo quiere maíz" cuando un dirigente político o social o un periodista criticaba al dictador. Y entonces lo *maiceaban*, es decir, le daban dinero para que no siguiera criticando. Le funcionó a tal grado al general Porfirio Díaz que permaneció en el poder por más de 30 años. Más adelante, al término de la Revolución, el general Álvaro Obregón acuñó la frase "Nadie aguanta un cañonazo de 50 mil pesos", para afirmar que cualquiera podía ser comprado. Y también le funcionó al nuevo régimen que se prolonga en el poder político hasta nuestros días.

A lo largo de décadas, intelectuales, dirigentes sociales, dirigentes políticos opuestos al régimen han terminado como comparsas o como operadores del mismo. Partidos que se decían de oposición han llegado a ser defensores del régimen y de sus atropellos.

Por eso, considerando que la tradición corruptora del régimen político mexicano ha impedido la transformación del país, que el cambio anhelado se ha tardado en llegar no sólo por la represión a los opositores, sino también por la cooptación y la integración de las disidencias al régimen dominante, en Morena se considera que la independencia política es clave para construir un proyecto con capacidad de disputar el gobierno de la república.

Actualmente, es lamentable observar como el gobierno federal impone candidatos en casi todos los partidos, les dice cuando se deben aliar y cuando no, se mete en sus asuntos internos, les dice a quienes deben proponer para los órganos electorales y para otro tipo de instancias políticas. Morena, en cambio, es la única fuerza donde el gobierno federal no puede meter la mano.

Por eso, el *Estatuto de Morena* establece en su artículo 3º el siguiente fundamento: "El rechazo a la subordinación o a alianzas con representantes del régimen actual y de sus partidos, a partir de la presunta necesidad de llegar a acuerdos o negociaciones políticas pragmáticas, de conveniencia para grupos de interés o de poder".

Transformar al país, no buscar una cuota del poder

El Movimiento Regeneración Nacional no se propone tener una cuota del poder político o una región del país. Su objetivo no es asegurarse una bancada parlamentaria o conseguir que se le respete el gobierno de un estado. Menos aún que la incluyan con una secretaría en un gabinete. No busca un *pedazo del pastel*. Morena se propone la transformación de la nación.

Sería relativamente sencillo para Morena negociar su inclusión en el reparto de espacios de poder. Pero Morena no se creó para eso. Existe la convicción de que si no se logra el cambio real en el país, nada mejorará. Las escaleras se barren de arriba hacia abajo. Si se barren sólo los escalones de abajo se vuelven a ensuciar con la basurita que cae de los escalones de arriba. La transformación de un país no se realiza conquistando un pedazo o un peldaño. Un buen gobierno regional puede sucumbir ante la presión, cooptación, corrupción o represión del Estado nacional.

Citando a Arnaldo Córdova, podemos coincidir con él en que: "Una revolución política o social nunca es local, ni mira a restablecer el pasado: una revolución es nacional y por ello se plantea como primer objetivo la toma del poder político".[27]

De hecho, existe una larga lista de partidos políticos en la historia de México que nunca se han planteado disputar la conducción del Estado nacional. Hoy en día, la mayoría de los partidos existentes lo que buscan es asegurar un registro, un presupuesto, un conjunto de recursos materiales, una bancada, algún gobierno. Y a cambio dejan que las cosas en el país sigan como están. Tenemos un sistema de partidos ficticio. Y los llamados independientes están en las mismas condiciones. De ahí que Claudia Sheinbaum tenga razón al decir que "un partido es un instrumento de transformación; el partido no puede ser en sí mismo, para mí Morena no es Morena porque exista Morena, Morena es útil en la medida que es un instrumento político que te permite transformar la realidad".[28]

Lo que el país requiere es un cambio de rumbo. Y eso implica una disputa nacional. La vocación de Morena es ésa, la transformación de la nación. Ésa es su diferencia con las fuerzas políticas tradicionales.

Para cambiar la políticas económicas y sociales se requiere el gobierno de la república. Y no es la búsqueda del poder por el poder mismo. La vocación de gobierno de Morena deriva de su voluntad de transformación. Por eso es frecuente escuchar también en Morena que esta organización

---

[27] Arnaldo Córdova, *La ideología de la Revolución mexicana*, México, Era, 1973, pp. 154.

[28] Fabiola Rocha, "Claudia Sheinbaum, la primer científica que podría gobernar la Ciudad (entrevista)" [en línea], en Regeneración, 17 de agosto de 2017, disponible en: <https://regeneracion.mx/claudia-shein baum-la-primer-cientifica-que-podria-gobernar-la-ciudad-entrevista/> [consulta: 17 de noviembre de 2017].

no se hizo para ocupar cargos públicos, que esto no es la finalidad. Pues si no se conquista el gobierno de la república será imposible cambiar la orientación del país, por más cargos públicos que ostenten sus integrantes en las variadas esferas de la representación política. La política económica y social sólo se puede modificar desde el gobierno del país.

Lo que se necesita es una fuerza política que se proponga disputar la dirección del país, enfrentando todas las adversidades que ello implica. Hoy por hoy, sólo Morena se propone enfrentar al régimen, ganar el gobierno y cambiar sus políticas económicas y sociales.

El historiador Pedro Salmerón afirma: "Morena existe, en fin, para que el pueblo de México cuente con un instrumento de lucha para la transformación del país, para defender los intereses del pueblo".[29]

Y finalmente, el intelectual y diplomático Héctor Vasconcelos, reafirma lo siguiente: "Yo me siento muy orgulloso de formar parte de este esfuerzo de Morena por hacer transformaciones reales y de fondo en México".[30]

---

[29] Pedro Salmerón, "Morena: la otra concepción de la política" [en línea], en *La Jornada*, 4 de abril de 2017, disponible en: <http://www.jornada.unam.mx/2017/04/04/opinion/019a2pol> [consulta: 17 de noviembre de 2017].

[30] "Vasconcelos se declara orgulloso de formar parte de Morena" [en línea], en *SDPnoticias*, 7 de abril de 2016, disponible en: <https://www.sdpnoticias.com/nacional/2016/04/07/vasconcelos-se-declara-orgulloso-de-formar-parte-de-morena> [consulta: 17 de noviembre de 2017].

Oposición al neoliberalismo

Morena hoy es, prácticamente, la única fuerza político-electoral opositora al modelo económico neoliberal en México. En los hechos, casi todas las demás fuerzas políticas han sucumbido a la influencia o corrupción del neoliberalismo. Morena se opone al neoliberalismo porque éste significa entregar lo que es de todos a unos cuantos, convertir los bienes de la nación en negocios privados.

El modelo neoliberal se impuso desde 1982 y ha continuado hasta la fecha. Son 35 años de saqueos, creación de grandes fortunas particulares a costa de la riqueza nacional, privatización de las empresas públicas, depresión del salario y de los ingresos de las clases medias, quiebra masiva de las empresas nacionales para abrir paso a las empresas extranjeras, aumento de los impuestos al consumo popular y disminución en los hechos de la cuota fiscal de los grandes consorcios.

El neoliberalismo ha creado o exacerbado fenómenos como la pobreza y la riqueza extremas, los niños en situación de calle, la feminización de la pobreza, la economía informal, el desempleo, la economía del narcotráfico, la migración a Estados Unidos de América, el hacinamiento penitenciario, la desintegración familiar, etcétera.

Con el neoliberalismo se ha roto el tejido social y productivo, se ha desplomado la inversión social, se ha caído la inversión productiva, la dependencia económica a Estados Unidos aumentó, México dejó de ser autosuficiente en alimentos, el campo se secó.

Además de lo anterior, el neoliberalismo trajo otro tipo de fenómenos consigo: una ruptura moral que ha llevado al extremo los valores individualistas y egoístas; una espiral de violencia que no deja de incrementarse; una corrupción cínica y descarada, sin límite institucional alguno; una destrucción infinita del equilibrio ecológico y de la sustentabilidad.

Con el neoliberalismo se perdieron mil empresas de la nación, se concesionó 40% del territorio nacional a las trasnacionales mineras, se privatizó el petróleo –orgullo de nuestra soberanía–, se entregaron playas y franjas fronterizas a extranjeros, desapareció el servicio de ferrocarril de pasajeros, se comprometió el presupuesto del pueblo por varias generaciones para rescatar los bancos y las carreteras privatizadas.

Con el neoliberalismo regresamos a los índices de pobreza de hace 40 años, se desmantelaron derechos de los trabajadores y de los maestros, desaparecieron instituciones de bienestar social. Con el modelo económico nacionalista crecimos a una tasa promedio de 6.5% anual; con el modelo neoliberal hemos crecido apenas un promedio de 2% anual.

Es muy elevado el daño que el neoliberalismo ha hecho a México y a sus habitantes. Urge detener esta barbarie.

Por eso Morena se opone al neoliberalismo. No es posible la realización de ningún proyecto de avance civilizatorio bajo el predominio neoliberal.

Este proyecto comenzó a ser implantado por los gobiernos del Partido Revolucionario Institucional (PRI) y continuó con los gobiernos del Partido Aacción Nacional (PAN). Recientemente el Partido de la Revolución Democrática (PRD) se sumó al proyecto neoliberal a través del mal llamado Pacto por México, que en realidad fue contra México. Por eso, es tan importante el papel que juega Morena como oposición.

La dimensión del término *oposición* se ha transformado. No basta con ser un partido distinto al partido en el gobierno para ser oposición. Hoy en día casi todos los partidos están unidos en la aprobación de las reformas neoliberales. Sólo Morena ha votado en contra de éstas.

Incluso hay fuerzas que se declaran como progresistas y hasta de izquierda, sin embargo, avalan el programa económico neoliberal. Organizaciones políticas como el Partido de la Revolución Democrática se refugian en elementos aislados de la agenda de género o de la diversidad para diferenciarse de la derecha con la que se alían legislativa y electoralmente y de la que forman parte en los hechos. Sin embargo, sin oposición al proyecto neoliberal no hay oposición política verdadera y no hay izquierda.

Antonio Gramsci, el gran intelectual italiano dice en sus notas sobre Maquiavelo y Lenin señaló lo siguiente:

> Cada partido es la expresión de un proyecto social. Sin embargo, en determinadas condiciones históricas, varios partidos representan un solo proyecto. Ese conjunto de partidos

constituyen un solo partido orgánico [...] En el mundo moderno, en muchos países, los partidos orgánicos se han dividido en varias fracciones, cada una de las cuales asume el nombre de un partido independiente [...] Un conjunto de partidos afines son en realidad fracciones de un mismo partido orgánico.[31]

En nuestros días, gobierne el PRI o gobierne el PAN, teniendo como aliados subordinados al PRD o al Verde, los resultados son los mismos, pues todos esos partidos son férreos defensores de las reformas neoliberales. El PRI, PAN, PRD, Verde, etcétera, son todos juntos, el mismo partido. Morena es hoy la única oposición en el país, porque es la única oposición al neoliberalismo.

Por eso Bernardo Bátiz señala lo siguiente:

Hay dos proyectos. Por un lado, el de ellos, el sistema neoliberal, que fomenta del individualismo egoísta y frente a éste, el de Morena: queremos una sociedad igualitaria y una ciudad justa, en la que los pilares que sustentan el edificio social sean la solidaridad, la fraternidad y la cooperación, como valores superiores al egoísmo y la libre competencia que llevan invariablemente a los monopolios y al ahondamiento de la brecha entre los muy pobres y los muy ricos.[32]

[31] Antonio Gramsci, *Maquiavelo y Lenin*, México, Diógenes, 1977, p. 30.

[32] Emma Islas, "Vamos por la felicidad del pueblo" [en línea], en *Siempre*, 17 de septiembre de 2016, disponible en: <http://www.siempre.mx/2016/09/vamos-por-la-felicidad-del-pueblo/> [consulta: 17 de noviembre de 2017].

Y también subraya: "Morena debe continuar como opción limpia y como verdadera oposición no sólo al régimen, sino también al sistema que encarna en una derecha extrema, individualista y ansiosa de ganancias, negocios, moches y transas. Somos otra cosa y así debemos mantenernos."[33]

---

[33] Bernardo Bátiz, "Morena: luces ambar" [en línea], en *La Jornada*, 4 de septiembre de 2017, disponible en: <http://www.jornada.unam.mx/2017/09/04/politica/024a2pol> [consulta: 17 de noviembre de 2017].

La lucha de Morena es pacífica

Morena se guía por los principios de la lucha pacífica. La violencia sólo entraña más sufrimiento a la gente. La vía pacífica, constitucional y electoral es la que ha escogido Morena para realizar las profundas transformaciones que debe vivir nuestro país.

Ciertamente en otros lugares del mundo y en otros momentos de nuestra propia historia nacional, los pueblos han optado por revoluciones armadas para oponerse a tiranías y lograr los cambios anhelados. Sin embargo, un proceso social violento muchas veces amplía o prolonga los sufrimientos de la población. En México, la Revolución de 1910 costó más de un millón de vidas.

En otros lugares del mundo, como Centroamérica, las guerras civiles terminaron en pactos que llevaron al conflicto pacífico del poder político. En El Salvador, por ejemplo, después de 12 años de lucha revolucionaria armada, la guerrilla del Frente Farabundo Martí para la Liberación Nacional (FMLN) terminó acordando la paz con el gobierno de ese país. El FMLN nunca llegó al poder por la vía armada, sin embargo, una vez establecidos los mecanismos de competencia política democrática llegó al gobierno por la vía electoral 17 años después de que comenzó la guerra revolucionaria en ese país.

Nelson Mandela intentó enfrentar al régimen racista de Sudáfrica por medio de las armas, sin embargo, llegó al gobierno de su país después de una transición política pactada y de un proceso electoral.

De manera expresa Mahatma Gandhi logra la independencia de su país, la India, por la vía pacífica, mediante un movimiento de resistencia y desobediencia civil pacífica. En la lucha contra el racismo y la opresión, movimientos como el encabezado por Martin Luther King en Estados Unidos lograron el reconocimiento de los derechos civiles de la población afroamericana gracias a la resistencia y la desobediencia civil.

El cambio en un país puede ocurrir por la vía pacífica o por la vía armada. Cada una tiene dificultades de distinto tipo. Respetamos a quienes optan por la vía armada, pero Morena prefiere la vía pacífica. Luisa María Alcalde explica la opción de una *revolución pacífica* de las siguiente manera: "Morena es la única alternativa existente para rescatar este país de la actual tragedia en el que se encuentra sumergido. Buscamos una revolución pacífica a través de la organización y la participación de la gente, una revolución pacífica en donde las conciencias, la vida cotidiana y los espacios públicos sean transformados desde la raíz".[34]

En efecto, la vía pacífica tiene más complicaciones; por ejemplo, se tarda más. Es saboteada constantemente por

---

[34] Morenaimagen, *Mensaje Morena jóvenes y estudiantes* [video de Youtube], 7 de marzo de 2012, disponible en: <https://www.youtube.com/watch?v=ByEbwsxkS6Q> [consulta: 17 de noviembre de 2017].

la violencia de los opresores, por medio de fraudes electorales o a través de la ilegalidad. Cuando triunfan las opciones populares o de izquierda, las derechas y los conservadores responden con golpes de Estado, militares o parlamentarios, o fraudes electorales. Aquí mismo, en México, ha habido fraudes electorales en 1988 y 2006 para evitar el ascenso de la izquierda al gobierno.

Pero aun así preferimos la vía pacífica. Es menor el sacrificio en vidas humanas, aunque se tarde más tiempo la llegada de la victoria. Somos partidarios del acceso al poder por la vía electoral, de la alternancia y de la pluralidad política. La vía pacífica fortalece la opción democrática, su larga durabilidad y el ejercicio de un proyecto basado y apoyado en la democracia política, las libertades y los derechos humanos. Así lo expresa Andrés Manuel López Obrador:

La lucha de Morena es pacífica. La violencia sólo entraña más sufrimiento a la gente. La vía pacífica, constitucional y electoral es la que ha escogido Morena para realizar las profundas trasformaciones que debe vivir nuestro país. Cuando se lucha por una transformación, se piensa en los responsables, que son una minoría, un grupo que aplasta, que oprime; ¿cómo vamos a llevar a cabo acciones para afectar a los ciudadanos, para afectar a terceros? No, en Morena vamos a transformar por la vía pacífica y por la vía legal.[35]

---

[35] Héctor Castañeda, "Andrés Manuel López Obrador: 'nuestra lucha es pacifica no se ha roto un vidrio'" [en línea], en *The Observer*, 5 de julio de 2017, disponible en: <https://theobserver.com.mx/2017/07/06/andres-manuel-lopez-obrador-nuestra-lucha-es-pacifica-no-se-ha-roto-un-vidrio/> [consulta: 17 de noviembre de 2017].

Candidatos de Morena, los mejor posicionados

Las candidaturas de Morena a cargos de elección popular emergen de una manera muy novedosa. En una lógica francamente innovadora, Morena combina de manera creativa los métodos de consenso y encuesta, elección y sorteo.

Los candidatos uninominales, es decir, aquéllos que son postulados para diputados en los distritos, para senadores en las entidades federativas, para alcaldes en los municipios, para gobernantes de los estados y para presidente del país se determinan por consenso, en caso de que exista una sola propuesta; o por encuesta, si es que hay varias. El consenso tiene el valor de expresar el apoyo del conjunto de la militancia y la institución partidaria a un liderazgo. Eso le da una fuerza singular, que evita discrepancias en un proceso interno y facilita el cierre de filas. Se aprovecha el apoyo de toda la estructura con el que ya cuenta un dirigente y se le proyecta al exterior.

Cuando no hay consenso, la competencia interna se resuelve por medio de una encuesta. Si hay varias propuestas, el partido postula aquélla que tiene el mayor conocimiento y reconocimiento de la sociedad. La encuesta permite ubicar quién es más conocido y más aceptado por la gente, quién tiene mayor popularidad, quién está mejor calificado y, por tanto, quién sería mejor candidato. Es un ejercicio a través del cual se expresan un conjunto de elementos cuantitativos y cualitativos. En otras palabras, el candidato es el que tiene el consenso interno o, en su caso, el reconocimiento ciudadano.

Los candidatos plurinominales, es decir, los que están en las listas de representación proporcional, emergen de un proceso de dos etapas. En la primera de ellas se realiza una elección en asambleas distritales. En cada asamblea distrital se eligen por voto directo de la base de afiliados a 10 militantes, cinco mujeres y cinco hombres. Esas diez personas participan después, junto con las diez elegidas en todas y cada una de las asambleas distritales, en un sorteo general, que por técnica jurídica se denomina *insaculación*. El sorteo determina cuáles militantes elegidos en asamblea se incorporan a las listas de representación proporcional que el partido registrará ante los órganos electorales.

Como puede advertirse, no cualquier persona participa en el sorteo mencionado; sólo pueden participar los militantes elegidos en las asambleas. Con este procedimiento, se logra que hasta el militante más sencillo pueda llegar a ser legislador, lo que no ocurre en ninguna fuerza política. Es el mecanismo más democrático de acceso a los cargos de elección popular.

Finalmente, se incorporan las candidaturas externas, es decir, aquellas personalidades que no están afiliadas a Morena, pero que ejercen algún tipo de liderazgo en el mundo de la cultura, la academia, el ámbito empresarial, los movimientos sociales o la sociedad civil en general. En las listas plurinominales debe haber un externo o externa en el tercer lugar de cada tres hasta completar la totalidad de la lista, mismos que serán propuestos por la Comisión Nacional de Elecciones a la aprobación del Consejo Nacional. Los externos de las listas plurinominales no participan en el sorteo.

En las candidaturas uninominales también debe haber externos, aunque no hay un número determinado al respecto. En este último caso, los externos también pasan por los métodos de consenso y encuesta, al igual que los internos. Dichas candidaturas fortalecen la representatividad del partido, abren la organización a otros sectores de la sociedad, amplían el abanico social de Morena, permiten que nuevas voces lleguen a los espacios de decisión.

De esta manera, el sistema interno de Morena para determinar sus candidaturas obliga a los dirigentes a competir en el territorio. El dirigente que quiera ser candidato debe ganar en un distrito o municipio o estado. En Morena se acabó la mala tradición de que los dirigentes se apartaban las listas plurinominales para ellos, ubicándose en los mejores lugares de las mismas, para facilitar su entrada a los cargos de elección popular, y sin hacer campaña. En Morena, las listas plurinominales son para los militantes de base del partido, para aquéllos que nunca tendrían oportunidad de acceder en los sistemas tradicionales de control político de los núcleos dirigentes. Con ese mecanismo, muchos militantes de base han llegado a ocupar cargos públicos que antes estaban reservados a círculos políticos cerrados. Es decir, si las candidaturas uninominales son para los dirigentes mejor posicionados, las candidaturas plurinominales son para las bases.

Los candidatos de Morena no emergen de turbulentos procesos internos; de asambleas donde predomina el acarreo o el clientelismo. En Morena no es candidato el que lleva más gente a una asamblea, pues no es la votación en ella lo que determina la candidatura, sino el consenso o la encuesta; ésta última se realiza al margen del mecanismo asambleario. En todo caso, las asambleas electorales de Morena no son esencialmente electivas, sino fundamentalmente postulativas. Sólo se elige a los que participarán en el sorteo plurinominal. Todo ello permite distensar y desinflar los viejos métodos corporativos o la carrera infinita de compra de votos.

El sistema de Morena para determinar sus candidaturas es sin duda el mejor. Obliga a los dirigentes a hacer trabajo territorial, abre espacios para las bases, incorpora a personalidades que no pertenecen a Morena, desmantela redes corporativas, distiende el conflicto interno, proyecta al exterior a los mejores perfiles.

Alianzas ciudadanas

El sexenio de Enrique Peña Nieto comenzó con una gran alianza de partidos. Esa alianza, conocida como *Pacto contra México*, sirvió principalmente para privatizar el petróleo y aumentar los impuestos.

Este pacto es la mejor prueba de que las alianzas entre las cúpulas partidistas no necesariamente redundan en beneficio de la ciudadanía. A veces, el hecho de que las dirigencias partidistas se pongan de acuerdo son una señal de alarma para la gente, tal y como hemos visto en este periodo de gobierno plagado de abusos de la clase política y de beneficios para los dirigentes.

Esas alianzas, como las del *Pacto contra México*, son para empobrecer y perjudicar más a la población. Frente a ellas, hay que sumar fuerzas para lograr la transformación del país. Hay que construir alianzas para vencer la fuerza de poderosos adversarios.

Sin embargo, las alianzas que propone Morena son desde abajo. Así como los acuerdos para conservar intereses se dan arriba, entre las cúpulas, las alianzas para transformar y mejorar la vida de la población se tienen que dar necesariamente desde abajo, como confluencias ciudadanas y sociales.

De esta manera, Morena puede realizar alianzas partidarias, pero las más importantes son las alianzas con la sociedad civil, con los movimientos sociales, con los empresarios productivos, con la intelectualidad y con militantes de base de todos los partidos.

En estos acuerdos convergen distintos actores de la sociedad que representan organizaciones políticas, de trabajadores, de indígenas, así como artistas, líderes de opinión y activistas de las mejores causas que han coincidido con la necesidad de lograr el cambio verdadero y terminar con décadas de corrupción, estancamiento económico, inseguridad y desorden.

Se trata de lograr la más amplia y plural unidad de los mexicanos que desde abajo quieren concretar la transformación que México necesita. Una unidad que supere todas las fronteras formales para alcanzar un cambio histórico y verdadero.

Hoy en día es muy difícil concretar alianzas con los partidos, porque la gran mayoría de ellos se fueron al pacto con Peña Nieto y abrazaron el programa neoliberal. No obstante, algo se podrá lograr en este terreno. Lo que sí se puede hacer de manera más sencilla es sumar a muchos ciudadanos sin partido, y a muchos militantes de base o cuadros medios de otros partidos. En todo caso, se trata de reunir a todos los que están en contra del llamado neoliberalismo, visión del mundo que expresa la concepción política más salvaje y deshumanizadora de nuestros días.

Yeidckol Polevnsky, secretaria general de Morena, señaló en torno a las alianzas lo siguiente:

La invitación a sumarse al proyecto de López Obrador, es a todos los militantes de todos los partidos políticos, de abajo porque todos están igual de amolados. Han venido funcionarios de abajo de diferentes partidos a sumarse a Morena con su experiencia, y si son gente honesta son bienvenidos. Son bienvenidos los del PRD, PT, Convergencia, del PRI y del PAN, que sean decentes. De todos, no excluyo a ningún partido. Militantes de todos los partidos son bienvenidos mientras sean gente honesta.[36]

Y el intelectual Armando Bartra, al teorizar sobre las alianzas, invita a la unidad de todos los que están contra el neoliberalismo y nos dice:

No es momento de debatir definiciones sustancialistas del concepto izquierda y convocar sólo a los puros que respondan correctamente más de 80 por ciento del cuestionario. Por el contrario, así como entre la cuarta y la quinta décadas del siglo pasado la izquierda estaba conformada por todos los antifascistas, participantes en los frentes populares, en el arranque del tercer milenio es hora de sumar a todos aquéllos que de alguna manera se oponen al neoliberalismo como modalidad excepcionalmente cruenta del capitalismo: desde los que se conformarían con limar sus aristas más mordientes hasta los que quisieran arrancarlo de raíz.[37]

[36] Armando Guerra, "Yeidckol: actores políticos son bienvenidos a Morena" [en línea], en *Encuentro*, 14 de marzo de 2017, disponible en: <http://www.encuentroradiotv.com/index.php/politica-estatal/item/5066-yeidckol-actores-politicos-son-bienvenidos-a-morena> [consulta: 17 de noviembre de 2017].

[37] Armando Bartra, *op. cit*, p. 288.

La política se hace con la gente

Para Morena, la política no es cosa de los políticos, es asunto de todos y todas, de la gente común. Esto es así porque a través de la actividad la política es como se influye en las decisiones que llevan a mejorar o empeorar la calidad de vida de todos los habitantes del país.

Por eso, es frecuente que se diga en el Movimiento que la política se hace en la calle, con la gente, y no en los espacios de pequeñas élites. Es la participación ciudadana lo que le da calidad a la función pública. Las mejores decisiones de los gobiernos se dan cuando la gente está movilizada. El general Lázaro Cárdenas pudo tomar muy buenas decisiones como el reparto agrario, la expansión de la educación pública, el aumento de los salarios y la expropiación del petróleo, porque siempre contó con un pueblo movilizado que lo respaldó. No es en los gabinetes, cubículos, corrillos o pasillos donde se toman las mejores decisiones, sino en el contacto cotidiano con una sociedad activa y actuante.

El poder se constituye de dos formas posibles: apoyándose en el dinero o apoyándose en la gente. Un proyecto progresista o de izquierda no puede apoyarse en la fuerza del dinero. Si se quieren lograr transformaciones sociales, es necesario el apoyo de la gente. Como dijera el profesor de la Facultad de Ciencias Políticas y Sociales de la Univesidad Nacional Autónoma de México (unam), Javier Oliva: "un gobierno de derecha es aquél que es sensible a la presión del mercado; un gobierno de izquierda es aquél que es sensible a la presión social".

Asimismo, la eficacia de una fuerza política se corresponde con su capacidad para relacionarse con la sociedad. Un partido cuyos dirigentes y militantes están atrapados en el internismo está condenado a ser un grupúsculo. También, por esta misma razón, es correcto afirmar que la política se hace afuera, en la calle, casa por casa, en las plazas, en el contacto directo y masivo con la población, organizando a la ciudadanía y no en interminables reuniones internas de autoconsumo.

Es en la sociedad donde se construye el liderazgo. Por eso es que las candidaturas uninominales de Morena se deciden por encuesta. El candidato es aquél que tiene mayor conocimiento y reconocimiento de la sociedad. En Morena no logra la candidatura el que tiene el control del aparato partidario, sino el que tiene la mayor aceptación de la sociedad. El liderazgo no se gana adentro del partido, sino afuera, en la sociedad.

Morena se libera así de esa tendencia autodestructiva de muchas fuerzas políticas que viven eternas luchas internas por el poder partidario. El adversario está afuera, no adentro del partido. Y el dirigente crece en la medida en que tiene miras altas y combate a los grandes adversarios del pueblo y de la nación. De hecho, uno de los grandes secretos de la magia de Morena, por decirlo así, es su trabajo de base, esa labor hormiga de miles de militantes voluntarios que tocan puerta por puerta para convencer a la ciudadanía. Es un trabajo que no se ve, pero sí se siente a la hora de que la gente sale a votar.

La austeridad republicana

Los dirigentes políticos no tienen por qué acumular grandes fortunas económicas. Deben vivir con austeridad, en la justa medianía. El que quiera hacer un capital debe dedicarse a los negocios privados, no a la función pública.

La política de austeridad republicana constituye la piedra de toque del ideario de Morena, pues tiene muchas implicaciones.

Es, por un lado, una postura ética del servicio público, en la que el funcionario es visualizado como un auténtico servidor de la sociedad que pasa por el aparato del Estado sin enriquecerse, sin saquear los fondos públicos, haciendo de un cargo un verdadero trabajo.

Esto, a su vez, implica la recuperación del prestigio del servidor público y del respeto hacia su investidura. Un legislador, gobernante o juez que perciba un salario modesto y trabaje de tiempo completo para la gente tiene el reconocimiento general de la opinión pública y de los ciudadanos. Hoy la figura política es rechazada porque se le asocia en el imaginario social con el abuso, la riqueza excesiva, la pereza, la improductividad. La clase política es vista como una lápida que carga la sociedad en sus espaldas.

Por eso Morena promueve que los sueldos de los altos mandos de los tres Poderes del Estado y de los titulares de los órganos autónomos, en los tres niveles de gobierno, se reduzcan. No puede haber ministros de la Suprema Corte de Justicia de la Nación que ganen 650 mil pesos al mes mientras hay trabajadores que reciben 2 mil 500 pesos en el mismo lapso. Tiene que predominar la idea de la justa medianía. No deben recibir los servidores públicos privilegios como seguros médicos privados y bonos millonarios.

La eliminación de todos estos tipos de privilegio permitiría ahorrar muchísimos recursos. Se calcula que cerca de 300 mil millones de pesos al año. Esos recursos, y lo que se ahorre de combate a la corrupción, permitirían destinar apoyos muy elevados para promover el desarrollo productivo y el bienestar social. En los hechos sería una forma de redistribuir la riqueza, pues se le quitaría dinero a la élite del poder político para trasladárselo a la gente común, a los gobernados. En la práctica, Morena lo está haciendo, porque más allá de proponerlo como proyecto o iniciativa de ley, sus legisladores ya donan la mitad de sus sueldos para constituir escuelas universitarias; y han rechazado los bonos, seguros médicos privados, viajes al extranjero con cargo al erario, vehículos oficiales y otras canonjías.

La austeridad, así, es una postura ética, pero también una herramienta muy práctica para obtener recursos y destinarlos al desarrollo económico y social, sin necesidad de aumentar los impuestos.

Pero además, la idea de la austeridad entraña también una filosofía. Más allá de lo propiamente político.

Significa que no es el dinero lo que retribuye al servidor público su esfuerzo, sino su capacidad de transformar la realidad, es decir, la realización de su obra. Un gobernante es recordado por lo que hizo en favor de su pueblo o, en su defecto, por lo que se robó del dinero de todos. La realización de un gobernante es una gran obra pública o social. La realización de un legislador es la aprobación de una ley que permite nuevas libertades o beneficios sociales. Lázaro Cárdenas del Río es recordado porque repartió la tierra a los campesinos, recuperó el petróleo para México, creó el Instituto Politécnico Nacional (IPN) y construyó miles de escuelas. Abraham Lincoln es recordado porque abolió la esclavitud en los Estados Unidos de América. A eso es a lo que debe aspirar un gobernante, ésa debe ser su realización, su felicidad: trascender en la historia por su obra, por su legado.

Para poner un ejemplo muy cercano, recuerdo aquí como se refería don Jesús Silva Herzog a Narciso Bassols:

La honradez acrisolada de Narciso Bassols y la escrupulosidad en el manejo del presupuesto de la Secretaría fue siempre ejemplar. Todos los secretarios de Estado, subsecretarios y oficiales mayores, tenían uno o dos automóviles comprados por el gobierno, gasolina en cantidades ilimitadas y también uno o dos choferes a su servicio. El automóvil de Bassols y el mío, bien modestos por cierto, los habíamos adquirido antes de desempeñar funciones públicas. La gasolina la comprábamos siempre con nuestro dinero, pues la partida que para tal objeto señalaba el presupuesto se transfería para compra de libros con destino al Departamento de Bibliotecas. Solamente aceptamos que se nos pagara

un chofer. Estas minucias que parecerán triviales a ciertos lectores, tienen a mi juicio la significación de destacar
el concepto que Bassols tenía de sus deberes como servidor
del pueblo. ¿Cuántos altos y medianos funcionarios de la
Federación hacían lo mismo?[38]

Es más, el principio vale para toda la sociedad. No es el
dinero en exceso lo que hace feliz a las personas. La felicidad
se encuentra en la armonía de una comunidad. En el amor.
En los proyectos realizados. En los estudios alcanzados. En la
convivencia de las familias. En el arte y la cultura disfrutados.

En todo caso, la construcción de un patrimonio tiene que partir del esfuerzo, del trabajo, de la productividad;
debe acompañarse de la creación de riqueza para la sociedad y de la promoción del empleo. Se puede así conformar
un capital. Lo que es inadmisible es que se constituya una
gran fortuna económica desde el ejercicio del poder público. Si así sucede es porque el funcionario se está apropiando
de una parte de la riqueza que corresponde a la sociedad.
Quien realiza el servicio público sin enriquecerse, tiene la
autoridad moral para conducir a un pueblo; quien sale del
servicio público sin haberse enriquecido obtiene el respeto
de la sociedad y permanece para bien en la memoria de una
comunidad o una nación.

Cabe aclarar que la austeridad republicana de la que
hablamos no es la austeridad que imponía el expresidente
Miguel de la Madrid en los años ochenta, o la que pregona-
ban los partidos conservadores de Europa Occidental. No
es la austeridad que ahorra gasto público para pagar a los

[38] Fernando Paz Sánchez, *Narciso Bassols*, México, Nuestro Tiempo,
1986, p. 29.

acreedores extranjeros, no es la austeridad que mutila el salario de los trabajadores de base o despide de sus empleos a
millones de ellos, no es aquélla que desparece instituciones,
programas, escuelas y derechos sociales. La austeridad republicana que propone Morena es arriba, no abajo, consiste
en recortar los privilegios de la cúspide para poder ampliar
los derechos y beneficios de la base. Consiste en reducir el
costo económico del poder político, respetando y amplian-
do el salario y los derechos de los trabajadores al servicio
del Estado. Consiste en bajar los salarios de los altos funcionarios y aumentar el sueldo de los trabajadores de base
del Estado; en bajar el presupuesto para el aparato político
y en subir el presupuesto para el desarrollo productivo y el
desarrollo social. Por eso es una austeridad republicana, no
una austeridad conservadora. La austeridad republicana
que promueve Morena es una cuestión ética, es una herramienta para el desarrollo, es un medio para recuperar respeto hacia la autoridad, es un camino a la realización personal
y a la verdadera felicidad.

Al respecto, Andrés Manuel López Obrador, principal
dirigente y fundador de Movimiento Regeneración Nacional
ha señalado lo siguiente:

Estamos en contra de aquéllos que amasan grandes fortunas
de la noche a la mañana a la sombra del poder público. Por
eso sostengo que la autoridad no sólo es un asunto administrativo sino de principios. Los gobernantes, como decía
el presidente Juárez, "no pueden disponer de las rentas sin
responsabilidad. No pueden gobernar a impulsos de una voluntad caprichosa, sino con sujeción a las leyes. No pueden
improvisar fortunas, ni entregarse al ocio y a la disipación,

sino consagrarse asiduamente al trabajo, disponiéndose a vivir, en la honrada medianía que proporciona la retribución que la ley ha señalado".[39]

Y en otro texto continúa con el mismo tema: "Aspiramos a llegar al gobierno de la república para ejecutar, concretamente, dos acciones: combatir la corrupción hasta erradicarla por completo y abolir los privilegios de la alta burocracia con la aplicación de una política de austeridad republicana".[40]

Por su parte, Héctor Díaz Polanco, presidente de la Comisión Nacional de Honestidad y Justicia de Morena, afirmó lo siguiente en congruencia con los postulados anteriores:

Con este estilo de austeridad de Andrés Manuel, establecimos que ningún miembro de la Comisión de Honestidad y Justicia va a cobrar ni un centavo, los miembros de la Comisión no van a recibir salarios, nada de remuneración, eso lo proponemos nosotros mismos, los miembros de la Comisión, el que quiera ser parte de la Comisión que sepa que va a ser un servicio, pero no va a recibir pagos, porque si hay pagos, entonces, ya hay un interés ajeno más allá del servicio para estar en esa Comisión.[41]

[39] Andrés Manuel López Obrador, *2018 La salida. Decadencia y renacimiento de México*, México, Planeta, 2017.

[40] Andrés Manuel López Obrador, *La lucha por el renacimiento de México* (Discurso de AMLO en la Casa de América Latina, París) [en línea], disponible en: <http://lopezobrador.org.mx/2015/10/16/conferencia-de-lopez-obrador-en-la-casa-de-america-latina-paris//> [consulta: 17 de noviembre de 2017].

[41] Comité Ejecutivo Estatal D.F., *Ética y política: Héctor Díaz Polanco* [video de Youtube], 8 de marzo de 2016, disponible en: <https://www.youtube.com/watch?v=avMlsTSm8Bk> [consulta: 17 de noviembre de 2017].

La política es para lograr el bienestar social de la gente

La política debe perseguir un fin social. No puede admitirse la lucha del poder por el poder mismo. El ejercicio del poder público debe realizarse con sensibilidad social y coadyuvar a construir un Estado de bienestar. Como dice Hannah Arendt en su libro *¿Qué es política?*: "Misión y fin de la política es asegurar la vida en el sentido más amplio. Es ella quien hace posible al individuo perseguir en paz y tranquilidad sus fines no importunándole", ya que el objetivo es "asegurar a muchos el sustento y un mínimo de felicidad".[42]

Si el dirigente político no es portador de un proyecto de bienestar social quiere decir que sólo ambiciona tener poder personal. La justificación ética de la lucha por acceder a la representación política de la población es la promoción de un plan que permita mejorar las condiciones de vida de la gente. Por eso, no se puede separar la idea de la política de la idea del bienestar social. En todo caso, para eso es la política.

Desde Morena se busca un Estado de bienestar social, es decir, una construcción política para garantizar el buen

---

[42] Hannah Arendt, *¿Qué es política?*, Barcelona, Paidós, 1997, p. 67.

vivir de toda la gente. Un Estado de bienestar social es aquél que se responsabiliza del cumplimiento de los derechos sociales, económicos, culturales y ambientales, que crea ciudadanía no sólo en el ejercicio de los derechos políticos, como el voto, sino también en el ejercicio de derechos, como la educación, la salud, la seguridad social, la vivienda, el trabajo, la cultura, el transporte y la alimentación, entre otros. Si como sostenemos, es responsabilidad del Estado lograr la igualdad, la equidad y el ejercicio de derechos universales, entonces la política está indisolublemente ligada a la construcción del bienestar social. Eso es la política, la lucha por el bienestar y, si no es así, si hay otra política, esa otra política tradicional es para impedir el bienestar de la población.

En la lucha por el bienestar y en la construcción del Estado de bienestar se forja el liderazgo y el consenso, tanto del dirigente político como del gobierno, sistema o propuesta. Volvemos a los ejemplos. Personajes como Lázaro Cárdenas, Franklin D. Roosevelt, Nelson Mandela, Francois Miterrand, y otros, lograron un gran apoyo de sus gobernados porque generaron políticas de bienestar social, crearon derechos sociales, construyeron sus liderazgos luchando por la igualdad y la equidad.

El mejor ejemplo contemporáneo de nuestro país es el mismo Andrés Manuel López Obrador quien, cuando fungió como jefe de gobierno del entonces Distrito Federal, se distinguió por poner en marcha un amplio programa de derechos sociales.

El emblema social del gobierno de López Obrador fue la pensión universal para adultos mayores, la cual significó un parteaguas en la administración pública del país. Este programa demostró que beneficiar a la gente no es sinónimo de endeudamiento ni desorden administrativo. Andrés Manuel demostró que es más cara la corrupción que la lucha contra la pobreza.

La puesta en marcha de la pensión y la polémica que se creó en torno a ella evidenció a la clase política mexicana y a una parte de los medios de comunicación que se fueron contra la medida pronosticando el colapso de las finanzas de la ciudad. Al final de su gestión, Andrés Manuel entregó finanzas sanas y Vicente Fox no tuvo más que implementar una copia pirata y disminuida de la pensión de adultos mayores.

La política social de Andrés Manuel incluyó también la beca de discapacidad, la construcción de una universidad y 16 preparatorias, la entrega de útiles escolares gratuitos, la construcción masiva de vivienda de interés social, el apoyo económico a unidades habitacionales, los créditos a microempresas, la gratuidad de servicios de salud y medicamentos, la construcción de hospitales, el programa de atención al cáncer de mama, el programa de apoyo a pueblos originarios, etcétera. Hoy en día, Morena tiene un liderazgo en la capital del país en gran medida a causa de la política social del gobierno de Andrés Manuel López Obrador. Su gran realización como gobernante y líder político emerge determinantemente de su política de bienestar social.

La política como
un noble oficio ético

En México sobran las historias de políticos de todos los niveles que han utilizado los cargos públicos para enriquecerse. Por ello, resulta explicable la desconfianza y el alejamiento de la ciudadanía con la política. Este fenómeno no es nuevo, Ricardo Flores Magón ya sostenía que el cambio de quienes ejercen el poder no necesariamente es fuente de libertad ni de bienestar para el pueblo.

Otro gesto que muestra este rechazo al poder es el del general Emiliano Zapata, quien, reunido con Francisco Villa en Palacio Nacional el 6 de diciembre de 1914, se negó a sentarse en la silla presidencial *porque cuando alguien bueno se sentaba en ella, al levantarse ya se había vuelto malvado.* El momento fue inmortalizado por una fotografía perteneciente al Archivo Casasola donde se ve a Villa sentado en la silla presidencial y a Zapata a su izquierda.

En los años recientes se ha incubado desde el poder un supuesto discurso antisistema, un estribillo, que reza que todos los políticos son iguales, que la política sólo sirve para robar, que se vayan todos, que votar no sirve.

Llama la atención que, conforme se acercan las elecciones, estos argumentos son repetidos incansablemente por líderes de opinión, los mismos que han guardado silencio ante los fraudes electorales, las privatizaciones y los abusos desde el poder.

Esta tendencia del sistema a utilizar consignas antisistema tiene que ver con la necesidad de despolitizar a la gente normalizando la corrupción en la política. El argumento es sencillo: *los políticos son corruptos, luego entonces ocúpate de hacer lo tuyo, eso no va a cambiar.*

En el fondo, el objetivo es sumamente reaccionario, ya que la democracia es la lucha pacífica de los contrarios representados en fuerzas políticas antagónicas. *Si todos son iguales y no representan a nadie*, entonces no hay democracia. Menos aun si los estribillos repetidos en los medios de comunicación no van más allá de la descalificación, si no son seguidos de una propuesta de organización social, pues de esta forma la estructura de poder puede ser desprestigiada, pero queda intacta institucionalmente.

En Morena compartimos la indignación y el coraje de la ciudadanía respecto a la llamada clase política. Sin embargo, como fuerza democrática, luchamos por la recuperación de la política.

Tenemos la convicción de que el país puede cambiar por la vía pacífica y democrática. Concebimos la revolución de las conciencias como "un cambio radical de orientación del devenir humano más bien que como una redistribución sangrienta de los privilegios" como lo señala André Prunier en su ensayo "¿Bretón o Camus? Los límites de la revuelta".[43]

---

[43] Albert Camus, *Escritos Libertarios*, Barcelona, Tusquets, 2014, p. 75.

No obstante, si la inconformidad no se traduce en acción política y social sirve de muy poco.

Como ha señalado Andrés Manuel López Obrador, en Morena reivindicamos la política como un noble oficio y sostenemos que el poder sólo tiene sentido y se convierte en virtud, cuando se pone al servicio de los demás. La verdadera política es hacer historia. La política tradicional que conocemos es, en realidad, politiquería. La política verdadera es algo grande, algo importante, algo digno de admirarse, es algo que trasciende y logra quedar plasmado en la historia.

La Declaración de Principios de Morena inicia de la siguiente manera:

> No hay nada más noble y más bello que preocuparse por los demás y hacer algo por ellos, por mínimo que sea. La felicidad también se puede hallar cuando se actúa en beneficio de los otros: vecinos, compañeros de estudio o de trabajo, cuando se hace algo por la colonia, la colectividad, el pueblo o el país. Estos actos nos reivindican como género humano, forman comunidad, constituyen ciudadanía y hacen de este mundo un lugar un poco mejor.

En consecuencia, luego de su primera incursión en la lucha electoral de 2015, en la que ganamos 35 diputaciones federales y 20 diputaciones locales en la Ciudad de México, quienes han accedido a los espacios legislativos por Morena han puesto el ejemplo de cómo se debe orientar el poder al servicio del pueblo.

Los legisladores federales de Morena han manifestado su oposición a los incrementos de la gasolina conocidos popularmente como *gasolinazos* y votaron en contra de ellos.

Al mismo tiempo, han denunciado la corrupción en la Cámara de Diputados al momento de asignar el presupuesto haciendo evidente la dinámica del *moche* y los bonos millonarios, y han solicitado cada año la supresión de las pensiones onerosas a los expresidentes.

Por si fuera poco, todos los diputados de Morena, locales y federales, donan la mitad de su salario para el sostenimiento de las universidades que se han puesto en marcha en los municipios y delegaciones gobernados por el partido.

En este capítulo, hay que hacer una mención especial a los diputados federales y locales de Morena en la Ciudad de México, quienes han enfrentado y denunciado la andanada de abusos contra la ciudadanía puesta en marcha por el gobierno: la represión a la juventud, la indiferencia oficial ante los feminicidios, así como las fotomultas, el cobro excesivo del predial, la corrupción inmobiliaria, el Fobaproa de la basura y hasta los intentos del gobierno por sacar provecho económico de los sismos han sido señalados, denunciados y combatidos por legisladores de Morena.

No obstante, reivindicar la política como un noble oficio también implica poner el acento en la ética de quienes participan de ella. Una de las premisas de Morena es no robar, no mentir y no traicionar al pueblo.

También nuestra declaración de principios indica que "los integrantes del partido deben tener presente en su quehacer cotidiano que son portadores de una nueva forma de actuar, basada en valores democráticos y humanistas, y no en la búsqueda de la satisfacción de intereses egoístas".

En ese sentido, Morena no sólo ha señalado las faltas de los gobernantes, sino que ha actuado contra aquellos militantes que han incumplido con estos principios. Tal vez el caso más conocido es el de Eva Cadena, exdiputada por Morena que fue captada recibiendo dinero. Cadena no sólo fue inhabilitada para ser candidata de Morena, también fue denunciada ante la Fiscalía Especializada para la Atención de Delitos Electorales (Fepade) por el representante de Morena ante el Instituto Nacional Electoral, Horacio Duarte.

Han ocurrido casos de otros militantes de Morena que han sido sancionados por los órganos internos. Destaca el caso de la diputada local por tabasco Candelaria Pérez Jiménez, quien profirió declaraciones homofóbicas y discriminatorias, razón por la cual la Comisión Nacional de Honestidad y Justicia le abrió un proceso. El dirigente de Morena en esa entidad, Adán Augusto López Hernández, a través de su cuenta de Twitter expresó: "No comparto la declaración de la diputada Candelaria; en lo personal y como dirigente me manifiesto respetuoso de la diversidad sexual".

Al final, la legisladora Pérez Jiménez rectificó su postura y se comprometió a realizar acciones afirmativas a favor de la diversidad sexual de la mano de las instancias del partido encargadas del tema.

En este sentido se presentó también otro caso, el de la diputada Adriana de Jesús Aviléz, diputada local de Campeche, quien fue expulsada del partido por realizar expresiones homofóbicas. La diputada se negó terminantemente a rectificar su postura homofóbica. Cabe señalar que Morena es el único partido de México que ha sancionado a militantes cuando sus declaraciones o acciones han violado los derechos humanos de la comunidad y la diversidad sexual.

También se han presentado casos de militantes que han sucumbido a la tentación del poder y el dinero. Por ejemplo, el legislador local de Tabasco, Juan Pablo de la

Fuente Utrilla, llegó al cargo por Morena, sin embargo, negoció de espaldas a la sociedad con PRD, PRI y el Partido Verde Ecologista de México (PVEM) para ser ungido como presidente de la mesa directiva del congreso local. La Comisión Nacional de Honestidad y Justicia decidió expulsarlo.

De esta forma, durante el segundo Congreso Nacional Extraordinario, Héctor Díaz Polanco, presidente de la Comisión Nacional de Honestidad y Justicia de Morena, informó que durante 2016 se abrieron 300 expedientes en esa instancia dando como resultado 17 expulsiones, 17 suspensiones de derechos partidarios y 15 amonestaciones.

Defender el concepto de la política como noble oficio va más allá de la actuación formal de los militantes cuando acceden al poder. Se trata, efectivamente, de acceder al poder para generar políticas públicas a favor de la gente, pero también se debe generar una acción política limpia, sin odio ni estigmatizaciones a grupos sociales, ejerciendo con decoro los cargos públicos y, sobre todo, con honestidad.

En Morena entendemos la política como la vía de transformación del país. Esto va más allá de un reparto diferente de los cargos en el poder. Implica un nuevo comportamiento, distinto del que desarrollan habitualmente quienes participan en la actividad política, así como de quienes hasta ahora han ostentado cargos públicos, un comportamiento a la altura de las esperanzas de nuestro pueblo.

Reivindicar la política como noble oficio obliga a señalar y atajar los problemas que ocurran al interior de Morena, a fin de tener autoridad moral para señalar los actos indebidos del poder.

En el tema del respeto a los derechos humanos de la diversidad sexual, mientras Morena sanciona y reconviene a legisladoras en funciones por expresiones homofóbicas, los legisladores federales del PRI encontraron una expresión homofóbica nacida en los estadios de futbol para defender a su coordinador parlamentario, César Camacho, luego de que el diputado de Morena, Ariel Juárez, en tribuna lo acusara de corrupción.

Regenerar al país necesita de políticos de nuevo tipo, respetuosos de la ciudadanía, con ganas de servir, no de servirse. Sólo así se puede dotar de contenido emancipatorio a la política, no hay otra vía para cambiar el país. Se trata de encontrar un nueva política.

Morena ha logrado avanzar en la tarea de convertirse en una opción política viable. No sólo se trata de enarbolar un cúmulo de valores o causas, sino de estar en posibilidades de realizarlas.

Coincidimos con Slavoj Žižek cuando se lamenta porque "la oposición al sistema no pueda articularse en una alternativa realista"[44] y, al mismo tiempo, coincidimos con Sánchez Vázquez cuando habla de la necesidad de la izquierda de encontrar una adecuada relación entre los fines y los medios para conseguirlos, ya que "una verdadera política de izquierda no puede recurrir [...] a medios y prácticas como la corrupción, el engaño, el doble lenguaje, la deslealtad, las *transas* o transacciones a espaldas de sus militantes y de los ciudadanos, ni tampoco al amiguismo, el clientelismo, la hipocresía o el servilismo".[45]

[44] Slavoj Žižek, *Sobre la violencia. Seis reflexiones marginales*, Barcelona, Paidós, 2009, p. 95.

[45] Adolfo Sánchez Vázquez, *Ética y Política*, México, Fondo de Cultura Económica/Universidad Nacional Autónoma de México, 2007, pp. 33.

Esos equilibrios y los valores que Morena pone en práctica es lo que se pretende aplicar en 2018, con la llegada de Andrés Manuel López Obrador a la Presidencia de la República. Sabemos que la mejor forma de actuar es poniendo el ejemplo o como decía José Martí: "La mejor forma de decir es hacer".

En los *Fundamentos para una república amorosa*, Andrés Manuel López Obrador dice los siguiente:

> Como hemos sostenido, la crisis actual se debe no sólo a la falta de bienes materiales, sino también a la pérdida de valores.
>
> De ahí que sea indispensable auspiciar una nueva corriente de pensamiento para alcanzar un ideal moral, cuyos preceptos exalten el amor a la familia, al prójimo, a la naturaleza y a la patria.
>
> La descomposición social y los males que nos aquejan, no sólo deben contrarrestarse con desarrollo, bienestar y medidas coercitivas. Lo material es importante, pero no basta: hay que fortalecer los valores morales.
>
> [...] Por supuesto que hay otros preceptos que deben ser exaltados y difundidos: el apego a la verdad, la honestidad, la justicia, la austeridad, la ternura, la no violencia, la libertad, la dignidad, la igualdad, la fraternidad y a la verdadera legalidad.
>
> También deben incluirse valores y derechos de nuestro tiempo como la no discriminación, la diversidad, la pluralidad y el derecho a la libre manifestación de las ideas. Y en todo ello, no dejar de admitir que en nuestras familias y pueblos existe una reserva moral de importantes valores de nuestras culturas que se han venido forjando de la mezcla

de distintas civilizaciones y, en particular, de la admirable persistencia de la gran civilización mesoamericana.[46]

Héctor Díaz Polanco, al hablar de ética y política, subraya la necesidad de ponderar las prácticas, es decir, la relación entre los valores y los fines: "Si tu fin es acumular [riquezas], entonces tus valores y tus principios serán otros. Si tu fin [...] en la política es mejorar las condiciones de la gente, es elevar el bienestar de la gente [...] entonces tus valores tienen que ser otros, porque tus fines son otros. Entonces tus valores tienen que estar de acuerdo con tus fines. Si no, no tienes carácter moral, resulta una relación inmoral. Por tanto, dando un paso más, tu práctica tiene que estar de acuerdo con tus principios y tus fines".[47]

---

[46] Andrés Manuel López Obrador, "Fundamentos para una república amorosa", en *La Jornada* [en línea], 6 de diciembre de 2011, disponible en: <http://www.jornada.unam.mx/2011/12/06/opinion/009a1pol> (consulta: 17 de noviembre de 2017).

[47] Comité Ejecutivo Estatal D.F., *Ética y Política: Héctor Díaz Polanco* [video de Youtube].

La mejor política exterior es la política interior

La propuesta de política exterior de Morena se basa en la idea de que la mejor política exterior es la política interior. Esta idea es portadora de variados y profundos significados. Por un lado, tiene que ver con la mejor tradición de nuestra política internacional, que se sustenta en los principios constitucionales de autodeterminación de los pueblos y no intervención. Es decir, que corresponde a cada pueblo, a cada nación, resolver sus problemas y decidir su destino sin la injerencia de ningún otro país. Estos principios constitucionales se derivan de nuestra propia experiencia histórica.

México es un país que ha sido intervenido militar y políticamente durante dos siglos. Ya como nación independiente sufrimos la intervención de España, Inglaterra y Francia, más tarde de Estados Unidos de América y después de Francia, una vez más. Y otra vez, de Estados Unidos. Por medio de sus embajadas, congresos, ejércitos o gobernantes, otros países, potencias muy poderosas, se han inmiscuido en los asuntos de los mexicanos. Por estas razones es que rechazamos la intervención. Por eso es que el presidente Benito Juárez plasmó en la historia el apotegma: *Entre los*

individuos como entre las naciones, el respeto al derecho aje-
no es la paz.

Sin embargo, con el objetivo de ser congruentes, si no queremos que intervengan en nuestros asuntos internos, no debemos intervenir en las problemáticas internas de otras naciones. Si intervenimos en los asuntos de esta naturaleza de otros países, damos oportunidad y justificación a que intervengan en los nuestros.

Por otro lado, es frecuente que, en virtud de sus intereses económicos trasnacionales, diversos poderes fácticos alienten de vez en vez corrientes de opinión para condenar a un país o a otro por los graves problemas de represión, autoritarismo, violencia, pobreza, corrupción e inseguridad que objetivamente sufran sus gobernados. No obstante, en nuestro propio país tenemos hoy muchos y muy graves problemas. Es absurdo e ilógico que queramos resolver los problemas de los demás cuando no hemos podido resolver los nuestros. Construir un discurso sobre los problemas de otras naciones sólo debilita a nuestro gobierno, exhibe a nuestro país y sienta las condiciones para que se haga lo mismo contra México.

Esto no quiere decir que se ignoren los problemas de la humanidad. Hay que ayudar a resolverlos. Pero la mejor manera de hacerlo es predicar con el ejemplo. Si queremos que haya democracia en el mundo debe haber democracia en México. Si queremos que se respete el voto en otros países, primero se debe respetar el voto en México. Si queremos que no haya presos políticos en otros países, no los debe haber en el nuestro. Si queremos que se supere el hambre y la miseria en el mundo entero, antes debe superarse en nuestra tierra. Si queremos que haya paz en el mundo, hay que lograr terminar el baño de sangre que destruye la vida de millones de mexicanos. Así, México podrá hablar en el escenario internacional de democracia, justicia social o paz con una autoridad moral que le dé una gran estatura en el concierto de las naciones, con el fin de impulsar procesos de cambio con su solo ejemplo.

Asimismo, el Movimiento Regeneración Nacional fortalece su visión de la política exterior cuidando su autonomía. Morena no pertenece a ningún centro internacional de poder y no forma parte de ninguna organización internacional de partidos. Se orienta sólo por las decisiones que toman sus integrantes y se apoya en la realidad mexicana y en la historia de nuestro país.

Nuestra Declaración de Principios señala: "Morena no aceptará pacto o acuerdo que lo sujete o subordine a cualquier organización internacional o lo haga depender de entidades o partidos políticos extranjeros". Asimismo, dicho documento deja manifiesto el siguiente compromiso: "No solicitar o, en su caso, rechazar toda clase de apoyo económico, político o propagandístico proveniente de extranjeros".

Es por todo ello, que nuestro actual secretario de relaciones internacionales, Héctor Vasconcelos, afirma lo siguiente:

> Nosotros pensamos que México no debe tener una política exterior protagónica por una razón esencial: la tarea primordial de un gobierno encabezado por Morena será arreglar los asuntos nacionales.
>
> Hay tantos problemas y son de tal gravedad que pensamos que un gobierno de Morena debe estar enfocado

en las cuestiones internas. Y una vez que hayamos puesto nuestra casa en orden, entonces nos abriremos más hacia el mundo. Estamos en contra de grandes protagonismos en el exterior y falta de resolución de cuestiones interiores.[48]

---

[48] Ariel Noyola Rodríguez, "Vientos de cambio en México", en *Regeneración* [en línea], 13 agosto de 2017, disponible en: <https://regeneracion.mx/vientos-de-cambio-en-mexico/> (consulta: 17 de noviembre de 2017).

Las cuatro transformaciones

Morena busca integrar las cuatro grandes ideas por las que han luchado los mexicanos: *1)* independencia nacional y soberanía sobre las riquezas naturales; *2)* democracia y libertades políticas; *3)* justicia y bienestar social; y *4)* austeridad y honestidad en el ejercicio del poder político. Son las cuatro etapas, los cuatro ejes programáticos, las cuatro transformaciones. Son, por un lado, los contenidos centrales de las luchas que han dado los mexicanos; son, por otra parte, las bases de un programa actual. Son momentos y son ideas. Las cuatro ideas, en su conjunto, están presentes en todas nuestras grandes gestas; pero, por separado, cada uno de estos ejes ideológicos ha emblematizado también a cada una de las cuatro gestas.

La lucha por la Independencia de México y su constitución como país en 1810 fue toda una revolución que recogió anhelos de justicia social, libertad y soberanía. A través de esta aparecieron postulados, decisiones y batallas como la abolición de la esclavitud, la devolución de las tierras a los naturales, el congelamiento de los precios de los alimentos y la moderación de la opulencia y la indigencia. Pero fue una lucha fundamentalmente por la independencia política y la soberanía como nación.

La Reforma de mediados del siglo XIX fue también toda una revolución. Los liberales defendieron a la patria de la intervención francesa, buscaron la distribución de la riqueza concentrada en manos del alto clero, dieron ejemplo de austeridad en el ejercicio del poder, pero, sobre todo, dotaron de una fisonomía democrática al Estado mexicano a través de un constitucionalismo que cristalizó una república con división de poderes, libertades individuales, federalismo, pluralismo y laicidad.

La Revolución mexicana de 1910 comenzó siendo un rescate de valores democráticos como el sufragio efectivo, la no reelección y una lucha contra la dictadura y el autoritarismo de Porfirio Díaz. Plasmó en la Constitución la soberanía de la nación sobre los recursos naturales. No obstante, se significó históricamente por su contenido social cuando consagró los derechos sociales, como la educación, la tierra y el trabajo en el texto constitucional de 1917, la primera constitución social del mundo.

Hoy en día luchamos por una cuarta transformación de México, la cual debe recuperar la soberanía del país sobre minerales, petróleo, agua y otras riquezas naturales; hacer realidad el ejercicio del voto libre y la democracia; llevarnos hacia un Estado de bienestar social basado en derechos sociales universales y lograr, finalmente, un servicio público caracterizado por la austeridad, la honestidad y la honradez.

Las cuatro ideas están en las cuatro luchas. Sin embargo, cada una de ellas ha tenido un acento. La revolución de Independencia fue principalmente una lucha por la soberanía nacional. La Reforma fue sobre todo una batalla para la construcción de un Estado liberal y democrático. La Revolución de 1910 fue, ante todo, una revolución con un programa social. Y la cuarta transformación que pretende Morena es esencialmente una lucha por la honestidad de nuestros gobiernos.

Soberanía nacional, democracia, justicia social y honestidad son las grandes cuatro banderas de Morena, las cuatro grandes gestas históricas, las cuatro ideas, las cuatro transformaciones.

Por este motivo, Andrés Manuel afirma reiteradamente: "México ha tenido tres grandes transformaciones: la Independencia, la Reforma y la Revolución. Y Morena va a realizar la cuarta transformación de la nación".

Fuentes
de consulta

Arendt, Hannah, *¿Qué es política?*, Barcelona, Paidós, 1997.

Bartra, Armando, *La utopía posible*, México, Ítaca/La Jornada Ediciones, 2011.

Bátiz, Bernardo, *Humanismo cristiano y capitalismo*, México, Porrúa, 2016.

_____, "Morena: luces ambar" [en línea], en *La Jornada*, 4 de septiembre de 2017, disponible en: <http://www.jornada.unam.mx/2017/09/04/politica/024a2pol>.

Buzonciudadano, *Morena, ¿partido o movimiento?* [video de Youtube], 17 de septiembre de 2012, disponible en: <https://www.youtube.com/watch?v=94FcLv-YcpA>.

Camus, Albert, *Escritos Libertarios*, Barcelona, Tusquets, 2014.

Castañeda, Héctor, "Andrés Manuel López Obrador: 'nuestra lucha es pacifica no se ha roto un vidrio'" [en línea], en *The Observer*, 5 de julio de 2017, disponible en: <https://theobserver.com.mx/2017/07/06/andres-manuel-lopez-obrador-nuestra-lucha-es-pacifica-no-se-ha-roto-un-vidrio/>.

Comité Ejecutivo Estatal D.F., *Ética y política: Héctor Díaz Polanco* [video de Youtube], 8 de marzo de 2016, disponible en: <https://www.youtube.com/watch?v=avM lsTSm8Bk>.

Córdova Arnaldo, *La ideología de la Revolución mexicana*, México, Era, 1973, pp. 154.

_____, "La política de masas y el futuro de la izquierda en México", en *Cuadernos Políticos*, núm. 19, México, Era, enero-marzo de 1979, pp. 9, 23 y 34.

Cosío Villegas, Daniel, *La Constitución de 1857 y sus críticos*, México, Hermes, 1957.

Duverger, Maurice, *Los partidos políticos*, México, Fondo de Cultura Económica, 1957, p. 182.

"Espera López Obrador que se aclare el presunto intento de homicidio contra David y Ricardo Monreal" (Comunicado 13-165), en AMLO [en línea], 29 de enero de 2015, disponible en: <http://lopezobrador.org.mx/temas/delicias/>.

Estrada, Jesús, "Los pueblos originarios serán prioridad de Morena; 'duele ver tanta pobreza'", en *La Jornada* [en línea], 2 de octubre de 2017, disponible en: <http://www.jornada.unam.mx/2017/10/02/politica/029n1pol>.

Formación política Naucalpan, "Consideraciones sobre la conformación de los comités seccionales" [en línea], en *Tendencia Socialista Morena*, 10 de febrero de 2016, disponible en: <https://tendenciasocialistamorena. wordpress.com/2016/02/10/consideraciones-sobre-la-conformacion-de-los-comites-seccionales/>.

Gershenson, Antonio, *El rumbo de México*, México, Ediciones Solidaridad, 1976.

Gramsci, Antonio, *Maquiavelo y Lenin*, México, Diógenes, 1977, p. 30.

Guerra, Armando, "Yeidckol: actores políticos son bienvenidos a Morena" [en línea], en *Encuentro*, 14 de marzo de 2017, disponible en: <http://www.encuentroradio-tv.com/index.php/politica-estatal/item/5066-yeidckol-actores-politicos-son-bienvenidos-a-morena>.

Islas, Emma, "Morena, su rumbo y sus candidaturas", en *Siempre* [en línea], 15 de julio de 2017, disponible en: <http://www.siempre.mx/2017/07/morena-su-rumbo-y-sus-candidaturas/>.

_____, "Vamos por la felicidad del pueblo" [en línea], en *Siempre*, 17 de septiembre de 2016, disponible en: <http://www.siempre.mx/2016/09/vamos-por-la-felicidad-del-pueblo/>.

Laurell, Asa Cristina, "La política social en la crisis: una alternativa para el sector salud", en *Saude e sociedade*, vol. 2, núm. 2, 1993, pp. 21- 84.

Lobera, Josep y Jesús Rogero-García, "De las plazas a las urnas. La medición de la cristalización electoral del 15-M en Podemos", presentado en el XII Congreso Español de Sociología [en línea], Gijón, 30 de junio de 2016, disponible en: <http://www.pensamientocritico.org/joslob0716.pdf>.

López Obrador, Andrés Manuel, *Expresa López Obrador que Peña Nieto busca que México sea un país consumidor*, (Comunicado 13-159) [en línea], 4 de abril de 2013, disponible en: <lopezobrador.org.mx/wp-content/uploads/2013/04/13-159-1.doc>.

_____, "Fundamentos para una república amorosa", en *La Jornada* [en línea], 6 de diciembre de 2011, disponible

en: <http://www.jornada.unam.mx/2011/12/06/opi
nion/009a1pol>.

_____, *La lucha por el renacimiento de México* (Discurso de
AMLO en la Casa de América Latina, París) [en línea], disponible en: <http://lopezobrador.org.mx/2015/10/16/
conferencia-de-lopez-obrador-en-la-casa-de-ameri
ca-latina-paris//>.

_____, 2018 *La salida. Decadencia y renacimiento de Méxi-
co*, México, Planeta, 2017.

_____, *Lineamientos Básicos del Proyecto de Nación 2018-
2024* [en línea], 20 de noviembre de 2016, disponible
en: <http://lopezobrador.org.mx/2016/11/20/linea
mientos-basicos-del-proyecto-alternativo-de-
nacion-2018-2024-anuncia-amlo/>.

_____, "Ni Maduro, ni Trump: nos inspiramos en nues-
tros héroes", *en El País* [en línea], 4 de septiembre de
2017, disponible en: <https://elpais.com/internacio
nal/2017/09/03/mexico/1504464540_683276.html>.

_____, "Palabras de Andrés Manuel López Obrador en la
presentación del libro *Patria* de Paco Ignacio Taibo ii"
[en línea], en AMLO, 17 de octubre de 2017, disponible
en: <http://lopezobrador.org.mx/2017/10/17/pala
bras-de-andres-manuel-lopez-obrador-en-la-presen
tacion-del-libro-patria-de-pacto-ignacio-taibo-ii/>.

"López Obrador explica por qué es cristiano y seguidor de
Jesucristo", en *Nación 3, 2, 1* [en línea], 2 de abril de
2017, disponible en: <www.nacion321.com/partidos/
lopez-obrador-explica-por-que-es-cristiano-y-segui
dor-de-jesucristo>.

Miguel, Pedro, "La respuesta está en el pueblo", en *La Jornada* [en línea], 28 de febrero de 2017, disponible

en: <http://www.jornada.unam.mx/2017/02/28/opi
nion/023a1mun>.

_____, "Partido y movimientos", en *La Jornada* [en línea],
24 de noviembre de 2015, disponible en: <http://www.
jornada.unam.mx/2015/11/24/opinion/030a1mun>.

"Morena como partido político construirá ciudadanía ni una
nueva clase política", en Boca de Polen A. C. [en línea],
14 de septiembre de 2012, disponible en: <http://bo
cadeplen.org/web/morena-como-partido-politico
-construira-ciudadania-no-una-nueva-clase-politi
ca-jesus-ramirez-cuevas/>.

Morenaimagen, *Mensaje Morena jóvenes y estudiantes* [video
de Youtube], 7 de marzo de 2012, disponible en: <https:
//www.youtube.com/watch?v=ByEbwsxkS6Q>.

Morenascononda, *En Morena están los indignados organizados. Entrevista a Layda Sansores* [video de Youtube],
5 de mayo de 2012, disponible en: <https://www.you
tube.com/watch?v=qMDD138lEpY>.

Movimiento Regeneración Nacional, Estatuto de Morena [en línea], disponible en: <http://lopezobrador.
org.mx/wp-content/uploads/2013/02/Estatuto-de-
MORENA.pdf>.

Noyola Rodríguez, Ariel, "Vientos de cambio en México", en
Regeneración [en línea], 13 agosto de 2017, disponible
en: <https://regeneracion.mx/vientos-de-cambio-
en-mexico/>.

Paz Sánchez, Fernando, *Narciso Bassols*, México, Nuestro
Tiempo, 1986, p. 29.

Rocha, Fabiola, "Claudia Sheinbaum, la primer científica
que podría gobernar la Ciudad (entrevista)" [en línea],
en *Regeneración*, 17 de agosto de 2017, disponible en:

<https://regeneracion.mx/claudia-sheinbaum-la-primer-cientifica-que-podria-gobernar-la-ciudad-entrevista/> [consulta: 17 de noviembre de 2017].

Salmerón, Pedro "Morena: la otra concepción de la política" [en línea], en *La Jornada*, 4 de abril de 2017, disponible en: <http://www.jornada.unam.mx/2017/04/04/opinion/019a2pol>.

Sánchez, Consuelo, "Propuesta de Morena: los pueblos originarios en la Constituyente de la CDMX", en *La Jornada del campo* [en línea], 17 de septiembre de 2016, disponible en: <http://www.jornada.unam.mx/2016/09/17/cam-morena.html>.

Sánchez Vázquez, Adolfo, *Ética y Política*, México, Fondo de Cultura Económica/Universidad Nacional Autónoma de México, 2007.

Seminario Internacional Antonio Gramsci, *El Morena y la cultura política en el México actual-Luciano Conchei-ro* [video de Youtube], 8 de abril de 2017, disponible en: <https://www.youtube.com/watch?v=4wYkgvRRyjM>.

"Vasconcelos se declara orgulloso de formar parte de Morena" [en línea], en *SDPnoticias*, 7 de abril de 2016, disponible en: <https://www.sdpnoticias.com/nacional/2016/04/07/vasconcelos-se-declara-orgulloso-de-formar-parte-de-morena>.

Žižek, Slavoj, *Sobre la violencia. Seis reflexiones marginales*, Barcelona, Paidós, 2009.

Sobre el autor

Martí Batres nació en la Ciudad de México. Es licenciado en derecho y cuenta con tres diplomados: uno en gerencia política e investigación de la opinión pública por The George Washington University; otro en políticas sociales urbanas por el Instituto de Investigaciones Sociales de la Universidad Nacional Autónoma de México (UNAM) y la Universidad Autónoma de la Ciudad de México (UACM), y uno más en derechos sociales y no discriminación por el Instituto de Liderazgo Simone de Beauvoir (ILSB) y la Universidad Autónoma Metropolitana (UAM). Es autor de 11 libros e imparte clases en la UNAM. Ha dictado conferencias en universidades públicas y privadas. Ha sido articulista en los periódicos *Unomasuno, Milenio, La Jornada,* y *El Gráfico* de *El Universal.* Obtuvo el Premio Nacional de Periodismo en la categoría de Artículo de Fondo por el Club de Periodistas. Ha sido presidente de la Comisión de Gobierno de la Asamblea Legislativa del Distrito Federal, presidente de la Junta de Coordinación Política de la Cámara de Diputados, así como subsecretario de gobierno y secretario de desarrollo social en el Gobierno de la Ciudad de México. Fue presidente del Comité Ejecutivo Nacional de Morena y actualmente es presidente de Morena en la capital del país.

MORENA
Y SU IDENTIDAD
POLÍTICA

terminó de imprimirse en 2017
en los talleres de Edamsa Impresiones, S.A. de C.V.,
Avenida Hidalgo 111, colonia Fraccionamiento
San Nicolás Tolentino, delegación Iztapalapa,
09850, Ciudad de México.